La déontologie
Ce qui va changer dans l'entreprise

Éditions d'Organisation
1, rue Thénard
75240 Paris Cedex 05
www.editions-organisation.com

L'Observatoire sur la responsabilité sociétale des entreprises (ORSE), qui a vu le jour en juin 2000, est un forum regroupant toutes les parties prenantes d'un réseau d'acteurs impliqués dans le domaine de la responsabilité sociétale des entreprises.

Refusant les antagonismes apparents, ses membres fondateurs rassemblent les entreprises, les intermédiaires financiers, les investisseurs, les auditeurs, les grandes centrales syndicales ainsi que de grandes ONG.

L'ORSE les aide dans leur propre démarche de développement durable en leur apportant des outils d'action et d'analyse. C'est ainsi que l'ORSE a mis en place des commissions consacrées à la déontologie, à la notation sociétale, aux rapports de développement durable, à la dimension managériale, aux relations liant la performance des entreprises et développement durable et, enfin, aux nouveaux indicateurs sociaux.

Au-delà de ses membres, l'ORSE veut sensibiliser les responsables économiques, sociaux et institutionnels et faciliter des partenariats ad hoc.

Site : www.orse.org

DANS LA MÊME COLLECTION

Thierry WIEDEMANN-GOIRAN, Frédéric PERIER, François LEPINEUX,
Développement durable et gouvernement d'entreprise : un dialogue prometteur.

Yves MEDINA

La déontologie
Ce qui va changer dans l'entreprise

Préface de Frédéric TIBERGHIEN
Président de l'ORSE

Éditions
d'Organisation

L'AUTEUR

Yves MEDINA, conseiller-maître à la Cour des comptes, a rejoint en 1999 le réseau d'audit et conseil PricewaterhouseCoopers, en tant que directeur associé en charge des questions de déontologie et de *corporate responsibility*.

Après quinze années passées dans l'administration à différents postes de responsabilité, il avait été de 1992 à 1998, secrétaire général du Conseil Supérieur de l'Ordre des Experts Comptables. Il est, par ailleurs, membre fondateur et vice-président de l'ORSE.

Diplômé d'HEC, il porte un intérêt particulier aux questions d'entreprise et, à ce titre, il a dirigé les travaux de la commission déontologie de l'ORSE à l'origine de cet ouvrage.

Remerciements de l'auteur

Cet ouvrage résulte des réflexions conduites par la commission « Place et effets de la déontologie dans l'entreprise » créée par l'Observatoire sur la Responsabilité Sociétale des Entreprises (ORSE) et qui s'est réunie à de nombreuses reprises au cours de l'année 2001. Que ses membres, dont la liste figure ci-après, en soient remerciés. Les travaux de la commission doivent beaucoup à leur collaboration active et régulière et aux débats qui ont permis de mieux appréhender l'importance et l'intérêt pour les chefs d'entreprise comme pour leurs collaborateurs d'avoir une approche plus déontologique des métiers.

Ces débats ont également bénéficié de l'éclairage apporté à la commission par les contributions d'experts reconnus et de représentants qualifiés des syndicats professionnels. À eux tous un grand merci.

Enfin, ma reconnaissance va à Murielle Cœurdray, doctorante à l'EHESS qui, tout au long de l'année 2001, a participé à l'élaboration des comptes rendus des travaux de la commission qui sont à l'origine de cet ouvrage.

Sommaire

Partie I
**Existe-t-il une typologie des chartes et des codes
de conduite ?** 1

Chapitre 1

Chapitre 2

Partie II
Qui va piloter le processus dans l'entreprise ?

Chapitre 9

Présentation
des différents intervenants

Jean-François AMADIEU

Professeur agrégé des Universités en Sciences de Gestion à l'Université Paris I, directeur du DESS de Gestion des Ressources Humaines dans le secteur public, d'un centre de recherche en gestion et du DEA de Gestion des Ressources Humaines, consultant en relations sociales et gestion des ressources humaines, François Amadieu a été expert auprès du BIT de l'OCDE et de la Commission européenne. Il a publié de nombreux ouvrages, notamment *Organisations et travail-coopération, conflit et marchandage*, éd. Vuibert, 1993. *Le management des salaires*, éd. Économica, 1995. *Compétence et organisation qualifiante*, éd. Économica, 1996. *Gestion des ressources humaines et des relations professionnelles*, Management et Société, 1996. *Les syndicats en miettes*, éd. du Seuil, 1999. *La démocratie sociale en danger*, éd. Liaisons, 2001, *Le poids des apparences*, éd. Odile-Jacob, 2002.

Sylvie d'ARVISENET

Sylvie d'Arvisenet a été magistrat jusqu'en 1998 (substitut du Procureur de la République de Bobigny de 1981 à 1983, détachée au ministère du Travail de 1983 à 1985, commissaire du Gouvernement auprès de la Commission nationale d'inscription et de discipline des administrateurs judiciaires de 1985 à 1989, premier substitut à la section financière du Parquet de Paris). En 1998, elle rejoint le groupe Vivendi Universal comme chargée de mission auprès du président, pour mettre en place le référentiel des normes déontologiques de l'ensemble du groupe et coordonner les mesures d'accompagnement permettant de veiller au respect de ces normes.

Jacques BARTHÉLÉMY

Jacques Barthélémy, avocat conseil en droit social aujourd'hui honoraire, est le fondateur du Cabinet Jacques Barthélémy & Associés, cabinet spécialisé en droit du travail et de la protection sociale. Il a été professeur associé à la faculté de droit de Montpellier et membre du Conseil économique et social. Il est l'auteur de nombreux ouvrages, notamment d'un livre de référence sur le droit de la durée du travail et de nombreux articles dans des revues spécialisées.

Claude CAMBUS

Ingénieur de l'ENSAM (1964), Claude Cambus a été cadre dirigeant dans le secteur de la distribution de l'électricité et du gaz en France ; il a alterné cet engagement professionnel avec un engagement syndical pour les cadres en France et en Europe. Il est actuellement vice-président de la Confédération française de l'encadrement et secrétaire général de la Confédération européenne des cadres. Il est à ce titre membre du Comité économique et social européen à Bruxelles. Il est également membre du Conseil supérieur de la Participation. Membre du bureau de l'ORSE, il y représente la CGC.

Murielle CŒURDRAY

Murielle Cœurdray est l'auteur d'une thèse en sociologie qui analyse les effets du processus d'internationalisation sur le dévoilement de la corruption (École des Hautes Études en Sciences Sociales). Elle est rattachée au Centre de sociologie européenne et a assuré auprès d'Yves Medina, la fonction de rapporteur des travaux de la commission déontologie de l'ORSE.

Frédérique DUPUY

Titulaire d'une maîtrise de droit public et d'un DESS d'administration internationale de Paris II, officier de protection de l'Office de Protection des Réfugiés et Apatrides, elle a bénéficié d'une décharge de service à caractère interministériel au profit de CGT-FO depuis le 1er janvier 2000. Jusqu'en septembre 2002, elle y a exercé les fonctions d'assistante confédérale au secteur international de la Confédération, chargée plus particulièrement des questions multilatérales (CISL, OCDE, OIT) et des Droits de l'homme au travail. Depuis septembre 2002, elle est secrétaire du groupe Force Ouvrière au Conseil économique et social.

Stéphanie GAYMARD

Ingénieur agronome, Stéphanie Gaymard a rejoint Pricewaterhous-eCoopers en 1998 pour être consultante dans le département Développement Durable de PricewaterhouseCoopers. Elle intervient, à ce titre, dans de nombreuses missions relatives aux politiques de développement durable. Elle est aussi auditeur « environnement » certifié au niveau national et accompagne de nombreuses entreprises dans la mise en place de systèmes de management de l'environnement suivant la norme ISO 14001.

Pierre-David LABANI

Secrétaire confédéral à la Confédération CFDT, il est titulaire d'un DESS en gestion financière et d'un Diplôme d'études supérieures européennes. De 1994 à 1996, il a occupé le poste de chargé d'études au service économique de l'Union Fédérale des Consommateurs – *Que Choisir*.

Depuis 1997, secrétaire confédéral à la CFDT, chargé des questions économiques et sociales, représentant CFDT au Commissariat au Plan et conseiller technique à l'IRES, ses travaux portent plus particulièrement sur la gouvernance d'entreprise, l'épargne salariale et solidaire ainsi que la responsabilité sociale des entreprises.

Sylvain LAMBERT

Sylvain Lambert, DEA d'économie, ESCP, a rejoint le département Développement Durable de PricewaterhouseCoopers en 1994, après avoir exercé comme auditeur financier. *Senior manager* en charge des activités de vérification de données non financières et de la mise en place de stratégies de développement durable, il intervient notamment pour plusieurs groupes français dans les transports, la grande distribution et l'automobile. Il est membre de la commission environnement du Conseil supérieur de l'ordre des experts-comptables.

François MANCY

Tout son parcours professionnel a été consacré à la fonction Ressources Humaines. François Mancy a exercé la fonction de DRH à l'UNEDIC, à RTL, et a pris en novembre 2002 cette fonction au sein du GIE Agirc-Arrco. Il a quitté en septembre 2002 la présidence de l'ANDCP (Association Nationale des Directeurs et Cadres de la fonction Personnel) et est vice-président de l'Association Française pour l'étude des Relations Professionnelles (AFERP).

Luis MANJON

Luis Manjon a été responsable d'équipes de maintenance informatique puis responsable Communication externe dans une filiale de Thomson-CSF. Il a également exercé les fonctions d'administrateur salarié du C.A. de THOMSON S.A. (1986-1999). Il est aujourd'hui conseiller confédéral au sein de la CGT et membre du Conseil économique et social.

Véronica NILSSON

De nationalité suédoise, Veronica Nilsson est consultante à la commission syndicale consultative auprès de l'OCDE (TUAC[1]). Avant cette nomination, elle était membre du département des recherches à TCO (Confédération Générale des Cadres, Fonctionnaires et Employés de Suède), à Stockholm. Elle a aussi exercé la fonction de directrice adjointe à l'Office bruxellois des syndicats suédois et administrateur au ministère de l'Éducation nationale en Suède.

Jacques ROJOT

Jacques Rojot est Professeur des universités, agrégé des Facultés de Sciences de Gestion, Docteur d'État en Sciences de Gestion et titulaire d'un Ph. D. en Management (Université de Californie à Los Angeles). Auteur de nombreux ouvrages et articles dans des revues scientifiques, notamment en France, en Europe et aux États-Unis, il est expert auprès de l'OCDE, de l'Union européenne et de la Fondation européenne de Dublin, consultant auprès d'entreprises privées, conseiller scientifique de l'Institut de l'Entreprise, correspondant en France de la National Academy of Arbitrators. Il occupe des fonctions de direction dans plusieurs

1. Le TUAC regroupe 56 centrales syndicales nationales représentant quelque 70 millions de travailleurs dans les pays membres de l'OCDE.

sociétés savantes, internationales, françaises et nord-américaines. Il est rédacteur en chef de la *Revue de Gestion des Ressources Humaines*. Il est également membre du comité de rédaction de plusieurs revues scientifiques étrangères.

Il a été chargé de mission de 1993 à 1997 à la Mission scientifique et technique du ministère de l'Enseignement Supérieur et de la Recherche.

Il est administrateur de la Fondation Nationale pour l'Enseignement de la Gestion des Entreprises et président de l'Association Nationale des Professeurs Universitaires de Sciences de Gestion.

Bernard VIBERT

Bernard Vibert a fait toute sa carrière au Crédit Lyonnais (notamment aux Pays-Bas, responsable en Australie, responsable Gestion du Personnel, responsable de l'Inspection Générale pour l'étranger et les marchés, responsable des pays d'Europe centrale et orientale). Depuis septembre 1999, il exerce les fonctions de déontologue du groupe Crédit Lyonnais et, à ce titre, a mis en place et coordonne le dispositif de déontologie de la banque et qui regroupe les déontologues dédiés à chacune des principales activités des filiales. Il participe à de nombreux groupes de travail, français ou européens, relatifs aux nouvelles réglementations européennes en matière de règles de bonne conduite.

Les membres
de la commission

La commission[1] « Place et effets de la déontologie dans l'entreprise », dont la liste des membres figure ci-après, s'est réunie à plusieurs reprises, entre les mois de mars et novembre 2001, sous la présidence d'Yves MEDINA.

Murielle CŒURDRAY, doctorante en sociologie à l'École des Hautes Études en Sciences Sociales, a été le rapporteur des débats.

Stéphanie BEILLEAU, administrateur des travaux

Monique AIMEVAFILLE, service Juridique, Sofinco

Jacques ARNOULD, CNES

Christian AUBIN, déontologue, BNP-Paribas

Bruno BEDIER, directeur des relations sociales, Aventis

Michel BENEDETTO, déontologue, service risques juridiques et administratifs, Caisse des Dépôts et Consignations

Claire BOASSON, directeur d'études, Entreprise et Personnel

---

1. Vingt-cinq sociétés, mutuelles, associations et syndicats ont ainsi participé aux travaux de la commission.

Michel BONIOL, Fondact

Gilles BRAC DE LA PERRIÈRE, président, GLP Conseil

Claude CAMBUS, vice-président délégué, CFE-CGC

Jean-Pierre CORDIER, président du comité d'éthique, TotalFinaElf

Alain DEBOCK, directeur de la communication interne, Aventis

Yves DEBORGHER, déontologue, Crédit Lyonnais Asset Management

Caroline DESAEGHER, responsable développement durable, AXA

Marie EYMOND, responsable de l'audit interne, Védiorbis

Bruno GABILIERI, secrétaire général, APRI

Patrick GAUDINEAU, directeur du développement des ressources humaines, SNCF Participation

Dominique HERON, responsable du développement durable, Vivendi Environnement

Olivier JOCHEM, attaché de direction au service juridique, AXA

Thomas KAMM, directeur des relations institutionnelles, Pinault Printemps la Redoute

Corinne LAMARCK, conseiller au secrétariat général, APRI

Anne LARAT, Lafarge

Stéphane LÉAGE, responsable ressources humaines, Vivendi Universal

Luis MANJON, délégué confédéral, CGT

Jacqueline MASSON, service risques juridiques et administratifs, Caisse des Dépôts et Consignations

Paul MAZÈRES, inspecteur général éthique et déontologie auprès du président, EDF

Astrid MULLENBACH, doctorante, Université Paris 1 Panthéon Sorbonne

Bernard RIVIÈRE, directeur général délégué, SNPE

Laurent SANCHEL, L'Oréal

Marie-France VAN DER VALK, juriste, Renault

Patrick VLAISLOIR, adjoint au délégué général, AFG-ASFFI

Maryline WILLIAMS, service du *Compliance Officer*, Vivendi Universal

Préface

Parmi les premiers thèmes que l'ORSE a souhaité investiguer dès sa création à l'été 2000, figurait celui du rôle et de la place de la déontologie dans l'entreprise. Pour les fondateurs de l'ORSE, en effet, la déontologie figure parmi les principaux enjeux de la responsabilité sociétale des entreprises.

L'entreprise responsable affiche clairement vis-à-vis des parties prenantes et d'abord vis-à-vis de ses clients et de son personnel :

- *Les règles qu'elle entend suivre au-delà des obligations légales et réglementaires ;*
- *Les valeurs qu'elle entend défendre ou promouvoir ;*
- *Les comportements qu'elle souhaite encourager ou décourager.*

Comme pour nos autres thèmes de travail, l'actualité nous a rattrapés : les affaires Enron et autres nous ont rappelés – et à quel prix – qu'une entreprise pourtant dotée d'une charte de déontologie rutilante dans ses apparences, pouvait, sans repères solides, sombrer très rapidement et provoquer une crise de confiance systémique.

En France, où nous préférons traditionnellement les lois et les règlements à toute autre forme de régulation, évoquer la déontologie en entreprise provoque encore le scepticisme, voire l'incrédulité.

Le groupe de travail présidé par Yves Medina marque à cet égard une étape importante. Trois leçons essentielles s'en dégagent :

- *La déontologie en entreprise n'est ni un objet publicitaire ni un objet de publicité mais une démarche à prendre au sérieux ;*
- *Pour être prise au sérieux, elle doit comporter plusieurs points de passage obligés, dont une information / négociation avec les représentants du personnel et un mécanisme de contrôle par un déontologue jouissant d'une grande indépendance dans l'entreprise ;*
- *La déontologie relève d'une démarche de progrès. L'entreprise est faillible : un code de déontologie ne garantit pas l'atteinte de la perfection mais aide à tracer la limite entre le permis et l'interdit, le licite et l'illicite, le souhaitable et le condamnable... À ce titre, elle fait partie des outils qui transforment la réalité et le management de l'entreprise. C'est l'un des intérêts de cet ouvrage que de le souligner avec force.*

Comme toujours, nos travaux soulèvent un lot de questions nouvelles, telles celles de la valeur juridique des normes déontologiques. Nous aurons à poursuivre nos réflexions sur ces points.

Je remercie tous les participants à ce groupe de travail représentatifs de toutes les « parties prenantes » de l'entreprise. L'ORSE permet à chacune d'elles d'émettre un point de vue libre et de le confronter à d'autres. Sous cet angle, le rôle de l'ORSE est particulièrement utile et fécond.

Frédéric Tiberghien,
Président de l'ORSE

Introduction

Quels ont été les objectifs des travaux de la commission « Place et effets de la déontologie dans l'entreprise » ? Précisons peut-être ce qu'ils n'ont pas été ou n'ont pas voulu être. Ils n'ont pas porté essentiellement sur les distinctions à faire entre « éthique », « déontologie », « morale » et « *compliance* »[1]. Ce débat aurait été probablement peu opérationnel. C'est pourquoi il a été décidé de ne pas différencier dans l'analyse les concepts de déontologie, d'éthique, de morale et de *compliance*. Ces différentes appellations correspondent en réalité à un même mouvement de fond et participent d'un même processus dans l'entreprise. Le concept anglo-saxon de « *business ethics* » est intéressant à cet égard, car il permet de s'affranchir de ces distinctions. Mieux vaut évoquer la **« démarche déontologique »** dans laquelle sont désormais engagées la majorité des grandes entreprises. Cette démarche se traduit le plus souvent par deux actions majeures :

- *édicter des documents fondateurs, notamment la charte éthique, le code des valeurs, le code de déontologie de l'entreprise,*

---

1. Concept anglo-saxon qui peut se traduire par « conformité de l'entreprise aux réglementations nationales ou internationales ».

> *ou un recueil de principes de conduite ou bien des meilleures pratiques ;*
> - *mettre en place des responsabilités fonctionnelles ou opérationnelles dans ces domaines.*

L'ensemble ainsi constitué (documents, responsables nommés et structures mises en place) forme la démarche déontologique, objet d'étude de cet ouvrage. Cette étude a été faite en privilégiant cinq thèmes d'analyse.

Forme et contenu des démarches déontologiques

Il existe à l'évidence un très grand nombre de chartes, codes et documents à finalités déontologiques. Peu d'entreprises envisagent aujourd'hui de ne pas s'en doter, ne serait-ce que parce que l'effet d'imitation est particulièrement fort. Souvent, la loi américaine (*cf.* la récente loi Sarbanes-Oxley) en fait une obligation légale. Leur champ d'application, les domaines traités ainsi que les finalités recherchées peuvent différer fortement, pour des raisons historiques ou culturelles ou parce que les objectifs poursuivis par le management sont également divers. Au-delà de cette diversité, il a paru intéressant de réfléchir à des typologies possibles mais aussi de s'interroger sur l'existence de contenus types.

Qui pilote le processus déontologique dans l'entreprise ?

Se donner un projet implique naturellement d'identifier à la fois les concepteurs et / ou ceux qui le mettront en œuvre. Mettre en place une démarche déontologique n'échappe pas à cette règle. C'est pourquoi il était important d'examiner comment se situe la fonction déontologique dans l'entreprise et par quelle(s) structure(s) elle est portée.

Comment utiliser l'outil déontologique ?

Avoir un outil déontologique et, le cas échéant, une structure de portage de cet outil peut être l'occasion de s'interroger sur l'utilisation de cet outil à des fins managériales. Plus la démarche déontologique est intégrée à la culture de l'entreprise, plus elle tend à devenir une composante de son management, quand ce n'est pas de sa stratégie.

En traitant des relations entre la déontologie et le management, on a voulu aussi s'interroger sur les transformations actuelles, notamment dans le domaine des ressources humaines, qu'entraîne l'approche déontologique et pas seulement sur son utilisation opérationnelle par le management.

Partenaires sociaux : quel rôle et quel regard sur la démarche déontologique ?

Cette question conditionne l'avenir de la fonction déontologique au sein de l'entreprise, du moins dans les pays à forte tradition syndicale, comme la France. En dépit de son importance majeure, cette question reste délicate, tant par la discrétion des positions, dans ce domaine, que par leur réserve intuitive. Pourtant, il a été possible de débattre avec des représentants des principales organisations syndicales françaises et préciser, ce qu'ils pensent de ce processus et comment ils estiment pouvoir (ou devoir) en devenir des acteurs.

Vers une régulation interne, juridiquement plus contraignante

L'analyse des effets juridiques des chartes et des codes est complexe, et bien des zones d'ombre subsistent. Celles-ci mériteraient, à elles seules, de nouveaux approfondissements. Cependant, les travaux ont fait apparaître quelques convergences, notamment l'idée d'une régulation interne qui tend à se faire juridiquement plus contraignante pour :

- *ceux qui la conçoivent – le management – ou en sont directement ou indirectement l'objet ;*
- *le salarié ou la collectivité des salariés ;*
- *le juge qui ne peut pas l'ignorer et rester indifférent aux efforts de « bonne gouvernance » ainsi exprimés.*

Adopter une démarche opérationnelle

Pour traiter ces cinq thèmes, le choix a été d'adopter une démarche opérationnelle facile à mettre en œuvre, de façon à être la plus utile possible à ceux qui en prendront connaissance. Dès lors, toute approche trop théorique ou philosophique a été écartée et l'écoute des acteurs préférée à l'analyse des très nombreuses études et recherches sur ces questions.

Le parti a été d'asseoir conclusions et propositions sur les interventions faites en séance et les débats qui ont suivi. Il est donc apparu naturel et souhaitable d'établir une série de synthèses thématiques pour résumer les principaux constats et fournir des propositions pragmatiques de mise en œuvre. En définitive, la réflexion qui suit peut être présentée comme une réponse aux interrogations de fond suivantes :

© Éditions d'Organisation

- *existe-t-il une typologie des chartes et des codes de conduite ?*
- *qui pilote le processus déontologique dans l'entreprise ?*
- *la déontologie dans l'entreprise : ce qui va changer.*

Partie I

Existe-t-il une typologie des chartes et des codes de conduite ?

1

Chartes et codes : modèles, contenus et finalités

Il existe aujourd'hui de très nombreux exemples de chartes et de codes sur tous les continents et dans presque tous les secteurs de l'économie, et leur nombre, simple nouveauté ou effet de mode, va croissant. Dans un rapport de 1998, l'Organisation Internationale du Travail (OIT) en a étudié de façon systématique plus de deux cents.

Cependant, l'approche retenue dans cet ouvrage est différente, car elle s'appuie sur une enquête internationale, fondée sur une série d'entretiens individuels et sur l'envoi de questionnaires à un panel d'entreprises, à la fois en France et à l'étranger.

Même si, en raison du taux variable de réponses, l'échantillonnage ne peut être qualifié de « parfaitement représentatif », le dépouillement des questionnaires et l'étude des comptes rendus des entretiens a permis d'apporter un éclairage satisfaisant sur ce qui fondait notre démarche, c'est-à-dire l'identification des principales formes que peut revêtir la démarche déontologique de l'entreprise, ses causalités, ses objectifs ainsi que les contenus qu'elle véhicule. Mais surtout la possibilité de pouvoir classer, *in fine,* l'ensemble des documents déontologiques en trois grands modèles, est apparue pertinente :

- *le modèle nord-américain ;*
- *le modèle nord-européen ;*
- *le modèle continental.*

Tels des idéaux-types wébériens, chacun de ces trois modèles est le fruit d'une histoire et d'une conception culturelle différentes. Issus de la matrice américaine historiquement la première et, de ce fait, la plus révolutionnaire, ils en constituent généralement le prolongement et, quand ils s'en écartent, c'est pour innover et intégrer une dimension sociale ou sociétale ignorée à l'origine.

La diversité des dispositifs déontologiques

La mise en place de dispositifs déontologiques dans les entreprises ne répond pas à un processus de construction unique, que l'on pourrait observer dans l'ensemble des entreprises, qu'elles soient françaises ou étrangères. L'analyse comparée de la construction de ces dispositifs présente une vertu heuristique, puisqu'elle permet de mettre en lumière un fait significatif : il n'existe pas de modèle universel de l'éthique. En fait, ces dispositifs varient selon la configuration culturelle et juridique propre à chaque pays, d'où sont originaires les entreprises.

4

Les déterminants culturels et juridiques

Les États-Unis, les pays de l'Europe du Nord ou bien encore le Japon occupent incontestablement une position de pionniers dans ces domaines.

Ainsi, aux États-Unis, ce sont les contraintes juridiques qui pèsent sur les entreprises depuis les années 1970, dans le contexte post-Watergate. À cette époque, la justice et la presse avaient révélé l'existence de pratiques de corruption sur le marché de l'import-export. La révélation de ces pratiques a contraint le Congrès à redéfinir les règles du jeu de ce type de marché, ce qui devait aboutir au *Foreign Corrupt Practices Act*. Par ailleurs, le système juridique américain prévoit de fortes amendes et de lourdes peines de prison pour les personnes impliquées dans des affaires de corruption. Il exige également des entreprises qu'elles maintiennent un système adéquat de contrôle interne. Plus récemment, les *Federal Guidelines for Sentencing Organisations* ont incité les entreprises à adapter leurs pratiques, en échange de contreparties financières.

En Asie, en particulier au Japon, les démarches éthiques et les outils existants dans les entreprises sont guidés par un sentiment d'appartenance au groupe. Dans la culture japonaise, le travail est considéré comme un acte sacré et un accomplissement personnel. C'est pourquoi les outils éthiques décrivent des valeurs traditionnelles et philosophiques – comme la loyauté, la politesse, le dévouement, l'esprit d'équipe, qui dépassent les frontières de l'entreprise puisqu'ils font référence plus globalement à la culture japonaise, c'est-à-dire à la promotion de la collectivité, de la contribution à la nation, de l'intérêt du groupe avant l'intérêt individuel.

En Europe du Nord, les entreprises sont plus avancées dans leur démarche de réflexion et de formalisation éthique que celles des pays de l'Europe du Sud. Depuis les années 1980, les groupes sociaux, à travers les médias traditionnels mais aussi électroniques, exercent une forte pression sur les entreprises pour que celles-ci prennent en compte la dimension sociale et environnementale de leurs activités. En conséquence, leur démarche éthique intègre à la fois des problématiques environnementales tout autant que les dispositions réglementaires qui les concernent.

En France, plusieurs facteurs président à la mise en place de dispositifs déontologiques, lesquels varient en fonction des secteurs d'activité et de l'existence de règlements applicables. Ainsi, les banques mettent en place un programme éthique, liée aux règles de conformité réglementaires bancaires, qui répondent aux exigences du titre III « Règles de bonne conduite applicables aux prestataires habilités », du Règlement général du conseil des marchés financiers. Elles sont donc en conformité avec un code de déontologie qui s'applique et s'impose à elles dans le cadre de leurs activités. Certains industriels se réfèrent aux exigences propres aux secteurs considérés et établies par les organisations professionnelles (par exemple : codes de conduite applicables au secteur du textile [1997] ou de la production de fleurs coupées).

Dans ce cadre-là, les exigences de la profession ne sont pas imposées en tant que telles à l'entreprise, mais sont liées à l'adhésion au groupe et à ses règles. Certaines entreprises se conforment à des recommandations établies par des organisations européennes ou internationales (comme les règles internationales de l'Organisation Internationale du Travail ou les Principes directeurs de l'OCDE à l'intention des entreprises multinationales). D'autres entreprises, dont les secteurs d'activité ne sont pas organisés au niveau de la profession, se réfèrent à des exigences et à des engagements internes propres, parfois inspirés des règles internationales et nationales. Contrairement aux États-Unis ou au Royaume-Uni, les outils utilisés en France ne font pas l'objet d'un encadrement juridique.

Au total, les résultats de l'enquête internationale de PricewaterhouseCoopers (voir p. 25) révèlent ainsi une grande diversité de l'approche déontologique dans les entreprises. Cette diversité s'explique principalement par des variables culturelles et juridiques.

Un essai d'interprétation

Au-delà des représentations qui fondent pour l'essentiel les résultats obtenus dans le cadre de l'enquête PricewaterhouseCoopers, comment montrer plus concrètement la diversité de ces démarches déontologiques ? Tout simplement, en s'appuyant sur quelques exemples de codes de conduite et de chartes, qui ont été extraits de sites Internet d'entreprises françaises mais aussi étrangères.

L'analyse de ces codes et de ces chartes a permis de distinguer trois contenus possibles : le développement durable, le rapport à l'éthique et les valeurs. Toutefois, il ne s'agit pas d'induire qu'il existerait des frontières infranchissables entre ces thématiques, au moment où l'entreprise s'engage à formaliser ses règles de conduite, mais seulement, en schématisant, d'essayer d'y voir plus clair dans la diversité des contenus possibles.

À partir de ces trois types de contenus, nous avons tenté de dégager la corrélation suivante : le contenu de l'outil est-il lié à une configuration nationale spécifique ?

Le contenu
« développement durable »

Ce thème touche, dans son acception première, au cycle de vie du produit fabriqué par l'entreprise. Il s'inscrit par conséquent dans la problématique du développement durable. De la conception du produit au recyclage de son emballage, l'entreprise s'engage à respecter l'environnement, c'est-à-dire à minimiser les risques de pollution, à recycler ses produits, à éviter le gaspillage des matières premières qu'elle utilise, mais aussi à veiller à leur qualité. Cet engagement peut prendre la forme d'une « charte pour l'environnement » et se traduire par la production d'un rapport environnemental ou bien encore être mentionné sous la forme d'un document intitulé « nos valeurs ». Certaines entreprises intègrent la notion de « responsabilité sociale » au concept de « développement durable ». Par exemple, elles s'engagent à respecter le cycle de vie des produits mais également à tenir compte des conséquences socio-économiques et culturelles que peut induire le lancement de ses projets sur les populations de pays étrangers.

C'est le cas par exemple du groupe **Norsk Hydro.** En guise d'introduction au rapport environnemental, Egil Myklebust, président de la firme, indique que son groupe entend considérer le concept du développement durable dans sa dimension sociale et environnementale : « *The concept of sustainable development has envolved over the years. The challenge is now broader, and the road before us more complex. Sustainable development includes environment and economy-linked by ecoefficiency, but in addition, sustainability has a social dimension* ».

Figure ainsi dans le contenu du rapport le thème de la responsabilité sociale que l'entreprise présente sous la forme d'une liste de principes de conduite, relatifs au respect de la personne :

« *Social responsability – unconditional standards : Human Rights :*

Open Dialogue and consultations with stakeholders in local communities ; Operations will not endanger the physical safety, security or health of members of communities ; Remain neutral in respect of race, religion, gender, age, caste, cultural identity and similar factors ; intrinsic value of diverse cultures and traditions. »

La promotion de la « responsabilité sociale » peut aussi traduire les valeurs humanistes de l'entreprise. Ainsi, dans le rapport du groupe **Danone,** ce thème apparaît sous la forme de plusieurs rubriques : « être attentif aux personnes », « développer les compétences de chacun », « améliorer les conditions de travail et de sécurité », « favoriser l'expression et le dialogue ».

Le contenu « rapport à l'éthique »

Il exprime la volonté de la part de l'entreprise d'autoréguler ses comportements et renvoie aux principes de conduite que les managers, tout autant que les collaborateurs de l'entreprise, s'engagent à respecter à l'égard de tout le personnel, mais aussi des actionnaires, des consommateurs, des clients et des fournisseurs. Différents domaines peuvent alors être abordés, comme ceux de la transparence financière, le conflit d'intérêt, les législations relatives à la lutte contre la corruption ou bien encore le respect des droits fondamentaux tels qu'ils sont définis par l'Organisation Internationale du Travail. Par exemple, l'entreprise rappelle à ses salariés les précautions que ceux-ci doivent prendre dans les opérations financières. Dans le cas de la lutte contre la corruption, l'entreprise rappelle qu'elle se conforme aux législations en vigueur dans les pays où elle est présente.

Cependant, le rapport à l'éthique peut prendre des formes variées. Évoqué par certaines entreprises en quelques lignes dans le cadre de l'énonciation des « valeurs » ou des « principes de conduite », celui-ci peut également faire l'objet d'un code de plusieurs pages.

Pour le groupe **Shell**, l'éthique apparaît au point n° 4 de ses principes de conduite. La corruption, les conflits d'intérêt et la transparence financière sont en effet au cœur de la conception éthique du groupe :

- « *Les sociétés Shell insistent sur les principes d'honnêteté, d'intégrité et d'équité dans tous les domaines de leurs activités et attendent des tiers avec lesquels elles sont en relation dans le cadre de leurs activités des comportements analogues. L'offre directe ou indirecte, le paiement, la sollicitation et l'acceptation de pots-de-vin, sous quelque forme que ce soit, sont des pratiques inacceptables. Les membres du personnel doivent éviter les conflits d'intérêts entre leurs activités financières privées et leur rôle au sein de leur société. Toutes les transactions effectuées au nom d'une société Shell doivent être enregistrées avec la plus grande exactitude et honnêteté dans les comptes de l'entreprise, conformément aux procédures établies. Elles feront également l'objet d'audits.* »

Pour le groupe **ITT**, l'éthique apparaît sous la forme d'un code qui inclut de nombreuses normes comportementales. Ces normes touchent à des domaines très variés :

- *l'exactitude des rapports, l'anti-trust, les cadeaux d'affaires, les logiciels, les informations confidentielles ;*

- *les conflits d'intérêts, les consultants, les drogues, l'alcool et l'assistance aux employés ; les dossiers médicaux et fiches d'emploi ;*
- *l'emploi de parents proches ;*
- *l'environnement, la sécurité et la santé ;*
- *l'égalité professionnelle, les fraudes et les vols ;*
- *les enquêtes gouvernementales, les marchés publics, les affaires internationales, les activités politiques, les déclarations publiques, les agents commerciaux et les représentants ;*
- *les titres de placement ;*
- *le harcèlement sexuel ;*
- *la violence sur le lieu de travail.*

Le contenu « valeurs de l'entreprise »

Qui sommes-nous ? Ce que nous devons être… C'est autour d'une réflexion d'ordre ontologique que l'entreprise cherche à définir son identité. En utilisant la logique du « nous », l'entreprise tente de promouvoir, sur la base de valeurs cardinales, un modèle idéal de comportement auquel les salariés doivent tendre. D'une entreprise à l'autre, la formalisation des valeurs, par l'usage du « nous », est en réalité très hétérogène. Les unes insistent plutôt sur des qualités personnelles et générales, tandis que d'autres valorisent une thématique qui inclut des principes de management définis par rapport à l'environnement de l'entreprise (consommateurs, actionnaires, institutions, société civile) ou un engagement en faveur du développement durable.

La dynamique du « nous »

© Éditions d'Organisation

Exemple **Le groupe Danone** ────────────────

« Les trois valeurs principales mises en avant par le groupe Danone sont l'ouverture, l'enthousiasme et l'humanisme [...]. L'ouverture, c'est l'écoute et la curiosité des autres, la faculté de réaction et d'adaptation au changement, la proximité qui favorise le partage et la compréhension. L'enthousiasme, c'est l'audace de savoir se remettre en cause pour avancer, c'est la passion alliant conviction et plaisir, l'appétit conçu comme une envie de "grandir" au sein du groupe. L'humanisme, enfin, fonde la volonté de partage, le respect de l'autre et accompagne la responsabilité, notamment lorsqu'elle est attention portée au salarié, au consommateur et au citoyen. »

Exemple **ITT industries** ────────────────

« Principes de base :

1. Nous serons toujours honnêtes.

2. Nous respecterons strictement la lettre et l'esprit de toutes les lois.

3. Nous fournirons des produits et des services de haute qualité.

4. Nous nous conduirons en « société citoyenne ». Nous obéirons aux lois et nous nous conformerons aux normes locales avec la conscience de notre responsabilité sociale dans chacun des pays dans lesquels nous menons nos activités.

5. Nous mettrons en place un environnement professionnel favorisant le respect mutuel, l'ouverture d'esprit et l'honnêteté de chacun.

6. Nous serons équitables dans tous les aspects de nos activités. »

Exemple   **Shell** ─────────────────────────

« Nos aspirations, nos engagements

Nous aspirons à être un leader pour tout ce que nous entreprenons dans les aspects économiques, environnementaux et sociaux. La référence pour nos parties prenantes, nos actionnaires, nos clients, nos employés, ceux avec qui nous travaillons, la société et les générations futures.

Nous croyons que notre engagement en faveur du développement durable est la clé de notre succès commercial à long terme. Les valeurs qui sous-tendent le développement durable sont intégrées dans nos principes de conduite qui constituent le fondement de tout ce que nous sommes et tout ce que nous faisons.

Nous ferons notre possible pour contribuer à la construction d'un monde meilleur, dans lequel les générations futures jouiront d'une plus grande sécurité économique, sociale et environnementale.

Nous intégrerons le concept de développement durable à nos décisions commerciales, grandes et petites. »

2

Chartes éthiques : trois modèles types

Au-delà de la très grande diversité des dispositifs déontologiques, diversité que viennent confirmer les résultats de l'enquête internationale demandée par la commission de l'ORSE (voir p. 25), on peut distinguer trois grands modèles types de chartes :

- *le modèle anglo-saxon ;*
- *le modèle nord-européen ;*
- *le modèle continental.*

Même s'il faut garder à l'esprit que ces modèles ne sont pas monolithiques et que leur contenu varie en fonction des spécificités nationales, de l'histoire et de la culture de chaque entreprise, la quasi-totalité des chartes éthiques et des codes de conduite semblent en effet pouvoir être rangés dans l'une de ces trois principales « catégories ».

Le modèle anglo-saxon

La formalisation de la déontologie apparaît d'abord dans les entreprises anglo-saxonnes. Cette antériorité de la démarche déontologique est le plus souvent subordonnée à l'existence de dispositions juridiques (par exemple, *federal sentencing guidelines*). Généralement, la charte anglo-saxonne vise à intégrer l'ensemble des réglementations qui encadrent l'activité de l'entreprise. C'est donc bien une logique de recherche de *compliance,* c'est-à-dire de conformité aux règlements locaux qui préside à la création de la charte anglo-saxonne. Cette logique vise à mettre en conformité les comportements et les règles de l'entreprise avec les réglementations existantes et le corpus juridique en vigueur.

Dans le même temps, ces fondements légalistes de la charte sont le corollaire d'un environnement juridique particulier. À ce titre, il faut souligner l'intérêt de certaines procédures américaines qui permettent aux dirigeants d'entreprise de faire état auprès du juge des efforts déployés, en termes de moyens et de finalités déontologiques, de façon à ce qu'ils soient pris en compte dans la qualification du délit et la fixation du *quantum* de la sanction (*plea-bargaining*).

Le modèle nord-européen

Historiquement, les entreprises du nord de l'Europe, comme leurs homologues anglo-saxonnes, occupent une position pionnière. En revanche, la charte nord-européenne n'est pas uniquement conçue dans un souci de *compliance* et d'adéquation à un environnement réglementaire. C'est plutôt l'intégration des valeurs liées au développement durable dans sa dimension environnementale et sociale, concept particulièrement « problématisé » dans les pays nord-européens par rapport à des pays de culture continentale ou anglo-saxonne, qui constitue la spécificité de la charte nord-européenne. Ainsi, les entreprises nord-européennes tendent-elles à intégrer dans la rédaction de leurs principes de conduite des valeurs qui font fortement référence au respect de l'environnement et, très souvent, au respect des droits humains.

Le modèle continental

La formalisation de la déontologie est, enfin, le cas d'entreprises continentales (Europe du Sud). Dans la hiérarchie des modèles de chartes, ces entreprises n'occupent pas une position d'avant-garde. Toutefois, on y observe un mouvement de fond qui converge vers la prise de conscience de la nécessité d'un management soucieux de l'éthique.

La plupart du temps, à quelques exceptions près, la création d'une charte est consécutive à une restructuration, que celle-ci ait été provoquée ou accélérée par des poursuites judiciaires ou bien par des mécanismes de croissance externe confrontant l'entreprise à des cultures différentes (c'est notamment le cas pour la France). L'énonciation de principes de conduite est aussi apparue nécessaire lorsque les entreprises ont décidé de délocaliser leur production sur d'autres continents.

Tout cela explique qu'une « logique d'emprunt » caractérise principalement le modèle continental de la charte : les entreprises continentales tendent à concevoir leurs outils en s'appuyant sur les expériences de leurs homologues anglo-saxonnes et nord-européennes, intégrant du coup des éléments de *compliance,* de respect environnemental et de régulation sociale.

Des thématiques communes

Il existe, ainsi, une très grande diversité des chartes. Quelle que soit l'origine géographique de l'entreprise, le contenu de la charte apparaît sous des formes variées : simple feuillet, rapport, guide, livret, série de fascicules, … Les contenus varient également en fonction des priorités de l'entreprise. Cette diversité des contenus renvoie naturellement à la diversité des situations des entreprises. Il faut s'en féliciter ; en effet, toute tentative de réduction du champ des possibles déontologiques ne serait, en définitive, qu'un appauvrissement des objectifs poursuivis.

Toutefois, en dépit de cette variété des contenus, plusieurs thématiques communes se dégagent. D'une part, une thématique des valeurs comportementales qui recouvre les attentes de l'entreprise vis-à-vis de l'éthique de ses salariés. Celle-ci intègre à la fois la référence à des qualités personnelles (honnêteté, enthousiasme, fidélité, …), professionnelles (esprit d'équipe) et l'interdiction de pratiques commerciales désormais condamnées (corruption, trafic d'influence, conflit d'intérêts, etc.). D'autre part, une thématique des engagements environnementaux qui contraint l'entreprise à s'inspirer des meilleures pratiques, tout au long du cycle de vie du produit jusqu'à son utilisation par le consommateur. Enfin, de plus en plus, les entreprises font référence dans leur charte non seulement aux respects des législations nationales mais aussi à celui des normes fondamentales internationales, qu'il s'agisse de celles de l'OIT, de la convention tripartite ou des Principes directeurs révisés de l'OCDE.

© Éditions d'Organisation

De ce point de vue, on assiste à la mise en place d'un quasi-référentiel de **normes comportementales,** qui crée les conditions d'émergence d'une véritable *soft law* **internationale des comportements déontologiques attendus des entreprises.** La référence aux normes fondamentales de l'Organisation Internationale du Travail, aux principes du programme *Global Compact*[1], aux recommandations de l'OCDE, relatives à la lutte contre la corruption dans les transactions commerciales internationales, devient ainsi bien souvent la base minimale de la déclaration déontologique.

La triple finalité de la charte : mobilisation, fédération et protection

En même temps, la création de l'outil déontologique répond clairement à une triple finalité. À l'échelle nationale ou même à celle de l'unité de production, la charte sert à mobiliser les salariés et souvent les fournisseurs autour de valeurs cardinales. Dans les groupes à dimension internationale, l'élaboration et la mise en œuvre de la charte ont un objectif plus ambitieux, celui d'être un lien fédérateur entre des communautés de travail culturellement distinctes, des métiers ou des secteurs d'activité différents. En cela, la charte vise à fournir un référentiel commun à l'ensemble des comportements dans l'entreprise.

---

1. Lancé par Koffi Annan, secrétaire général de l'Onu, à Davos en 1999 (pour que les entreprises respectent les Droits de l'homme et l'environnement).

Enfin, et sous réserve de ses effets juridiques, la charte peut avoir un double objectif protecteur :

- *protection en termes de responsabilité du dirigeant et / ou de l'entreprise, personne morale ;*
- *protection des salariés de l'entreprise contre des dérives dont ils n'auraient pas forcément la maîtrise.*

Que faut-il recommander ?

N'imposer ni un modèle type, ni un contenu type

Le contenu d'une charte est indissociable du secteur d'activité de l'entreprise, des objectifs de ses dirigeants et de son environnement, des valeurs et de la culture de l'entreprise. En fonction de ces paramètres, une charte peut insister sur le respect des règles environnementales ou bien donner plus d'importance au respect des législations nationales, ou encore valoriser la prescription de modèles comportementaux. Il serait donc vain d'imaginer un modèle type « passe partout » de la charte déontologique ou du code de bonne conduite et il en va de même de son contenu.

Au contraire, il faut militer pour une diversité des formules, expression de la diversité des situations comme des objectifs poursuivis et des attentes exprimées par le management de l'entreprise. Dans cette perspective, une charte peut comprendre les items suivants, dont le degré d'importance doit être apprécié par chaque entreprise et dont les contenus restent évolutifs.

Le respect des règles du marché

Il appartient à l'entreprise de confirmer que son action s'inscrit naturellement dans le cadre des règles et des *best practices* du marché, et que c'est là un impératif premier :

- *proscription des ententes ;*
- *règles de concurrence loyale ;*
- *maîtrise du cycle de vie du produit ;*
- *souci de l'impact environnemental des décisions ;*
- *insertion de l'entreprise dans son environnement territorial, etc.*

Les valeurs comportementales

En interne, les valeurs comportementales concernent à la fois les qualités personnelles, les principes de management et certains Principes directeurs de l'OCDE. En externe, elles englobent le respect de l'environnement, mais aussi la qualité des relations avec les différentes parties prenantes *(stakeholders)* de l'entreprise.

Les relations entre fournisseurs et clients

Elles concernent à la fois le respect du client ou du fournisseur, le respect de la transparence des échanges, ainsi que la condamnation de la corruption et la proscription des « facilités ».

Les relations au travail

Il s'agit, en interne, de veiller au respect des engagements de l'entreprise vis-à-vis de tous les salariés et de l'engagement moral du salarié à l'égard des finalités de l'entreprise (devoir de loyauté, exécution de bonne foi, …). En externe, elles concernent essentiellement le respect des normes établies par l'OIT, notamment dans leurs conséquences sur les relations avec les sous-traitants de filiales étrangères.

Les relations salariés / vie privée

Il faut éviter les conflits d'intérêts, en particulier dans le domaine de la détention personnelle d'actifs financiers, mais aussi arriver à obtenir des salariés une adéquation entre leur comportement social extérieur et les finalités de l'entreprise.

Les relations avec les actionnaires

L'affirmation de plusieurs règles de fond se révèle indispensable à un bon fonctionnement de l'entreprise :
- *respect des règles de Corporate Governance ;*
- *transparence des informations ;*
- *renforcement du dialogue avec les actionnaires ;*
- *reconnaissance de l'intérêt de l'activisme actionnarial ;*
- *éventuellement, engagement en matière de placements éthiques.*

Définir avec précision des procédures de suivi, d'évaluation et de contrôle

On ne peut que déplorer l'absence trop fréquente de dispositions prévoyant les modalités d'application des contrôles de la charte. C'est sans doute sur ce point que les progrès les plus importants devraient encore être enregistrés. Pour que la charte prenne toute sa valeur, l'entreprise doit prévoir, de façon précise, des procédures de suivi, d'évaluation et de contrôle. Mais là aussi, il revient à chaque entreprise de définir son processus et d'identifier les responsables qui en auront la charge. En conséquence, quelques recommandations sont là encore possibles :

- *identifier les structures de suivi (cf. « Qui pilote le processus dans l'entreprise ? »)* ;
- *énoncer clairement les procédures et les moyens de traitements des conflits (qui intervient ? quand ? comment ?)* ;
- *aménager les temps forts de l'évaluation suivant un calendrier qui dépend de la situation et de la stratégie de chaque entreprise* ;
- *programmer des audits internes, ou externes, permettant de faire le point aussi bien sur les difficultés d'application que sur les succès et mettant au jour de nouvelles problématiques* ;
- *ces procédures doivent avoir un caractère public, être connues de l'entreprise, et leurs difficultés d'application dans tels métiers ou telles zones géographiques, exceptés les cas de conflits individuels, doivent pouvoir faire l'objet d'un examen assez largement public au sein de l'entreprise.*

La charte n'est pas un outil de publicité

Si la charte peut et même doit, à l'évidence, être un instrument de communication et même de dialogue avec l'extérieur (fournisseurs, clients, sous-traitants, ONG, institutions publiques, …), elle ne doit en aucun cas devenir un outil publicitaire et encore moins un objet publicitaire. C'est pourquoi la communication sur la charte doit respecter les quatre impératifs suivants :

- *le discours sur la charte et la déontologie de l'entreprise doit correspondre exactement à la réalité de la politique de l'entreprise* ;

- *la communication doit veiller à être factuelle et vérifiable par des tiers ;*
- *la communication externe et la communication interne doivent rester cohérentes ;*
- *la démarche déontologique ne doit, en aucun cas, relever d'une action de promotion commerciale.*

Il faut donc mettre en garde les entreprises contre toute communication externe qui serait prématurée, excessive, incantatoire ou laudative, et qui ne pourrait qu'entacher, à terme, la crédibilité des actions de l'entreprise. En conséquence, et c'est là un point fondamental, la façon dont la charte est utilisée se révèle être en définitive un test de la réalité déontologique de l'entreprise.

3

L'enquête
internationale PwC[1]

Cette enquête qui a nourri les constats de la commission a porté
sur la place et les effets de la déontologie auprès d'un panel de
plus de quarante grandes entreprises.

Le principal enseignement de l'enquête est le suivant : la construction de dispositifs déontologiques dans les entreprises
dépend fortement de variables culturelles et juridiques.

© Éditions d'Organisation

---

1. Sont présentés ici les principaux résultats de l'enquête réalisée, à la demande de l'ORSE, par
l'équipe du département développement durable de PricewaterhouseCoopers.

Quelques précisions méthodologiques

L'étude menée par l'équipe du département « développement durable » de PricewaterhouseCoopers visait plusieurs objectifs :

- *l'intérêt et les motivations des entreprises pour les démarches éthiques ;*
- *la nature et la forme des outils utilisés ;*
- *la constitution de ces démarches ;*
- *l'organisation de la fonction supervisant ces questions (responsabilité, pouvoir, contrôle).*

Cette étude a combiné deux approches méthodologiques – l'une est qualitative, l'autre quantitative – destinées à recueillir le point de vue d'entreprises françaises et étrangères sur les pratiques et les représentations de l'éthique.

La méthode qualitative avait pour objectif d'exploiter le contenu d'entretiens directs (physiques ou téléphoniques), construits à partir d'un questionnaire approfondi (trente-deux questions) et réalisés auprès d'un panel de neuf sociétés étrangères (deux aux États-Unis, une au Japon, deux en Suisse, deux en Norvège, deux en Angleterre) et dix sociétés françaises. Plusieurs sources ont permis d'affiner le choix des entreprises ainsi approchées : articles de presse, sites Internet (adhésion à des associations engagées dans la responsabilité sociale), classement par indices boursiers, participation à des colloques sur l'éthique et la déontologie.

La méthode quantitative visait à traiter de manière statistique les réponses des entreprises, sur la base d'un questionnaire plus léger (seize questions), envoyé à plus de cinq cents entreprises françaises, de la PME au grand groupe, sept cent cinquante questionnaires ont ainsi été diffusés. Le mailing a été constitué à partir de trois cents entreprises clientes de PricewaterhouseCoopers et deux cents entreprises qui sont des points de contact du département « développement durable ».

Pour appréhender les représentations que les entreprises se font de l'éthique, la grille d'entretien a été construite à partir de questions assorties d'une liste de réponses diversifiées. Ce parti pris méthodologique laissait ainsi aux entreprises la possibilité de donner une définition soit restrictive, soit étendue de l'éthique et permettait de montrer, lors de l'exploitation des données, ce qui allait différencier les entreprises entre elles.

L'enquête est donc partie d'une définition de l'éthique qui recouvre trois aspects : la philosophie, le juridique, l'environnement.

L'aspect philosophique englobe la morale et les valeurs de l'entreprise, c'est-à-dire les principes moraux, la déontologie, le respect des mœurs, les règles de bonne conduite, la définition du devoir et des valeurs.

L'aspect juridique, auquel renvoie le droit social, recouvre :

- *les notions de droit du travail (respect des conditions de travail, horaires de travail, système de rémunération) ;*
- *le droit d'association ;*
- *les droits de l'homme (discrimination, harcèlement, travail des enfants, travail des détenus, travail forcé, etc.) ;*
- *le droit des affaires (corruption, transparence, financement politique, conflit d'intérêts, risque de fraude, d'évasion fiscale, de concurrence déloyale et de délit d'initié, etc.).*

L'aspect environnemental met en lumière la nécessité d'associer la protection de l'environnement à l'éthique.

Enfin, l'aspect relationnel de l'éthique concerne la façon dont l'entreprise se comporte vis-à-vis des différentes parties prenantes : les actionnaires, les fournisseurs, les organisations non gouvernementales, les pouvoirs publics.

La constitution des panels

Quel que soit le mode de traitement des données, la constitution du panel des entreprises a répondu à la sélection de divers critères. Les sociétés cibles ont été classées selon leur situation géographique, c'est-à-dire l'origine et l'implantation de l'entreprise. Ont été ainsi sélectionnées des entreprises situées sur trois continents : en Amérique du Nord (États-Unis), en Asie (Japon) et en Europe (Angleterre, France, Norvège, Suisse). Ont été également contactés des groupes ou des sociétés multinationales ou nationales, en particulier des groupes ou sociétés qui sont implantés sur plusieurs continents et qui recourent fortement aux ressources naturelles et humaines dans les pays en développement.

C'est également la logique sectorielle qui a présidé au classement des sociétés cibles. Trois catégories ont été retenues :

- *les entreprises B to C (business to consumer), comme les entreprises de grande distribution, parce qu'elles sont soumises à la pression des consommateurs et des mouvements d'opinions ;*
- *les entreprises B to P (business to public sector), telles les entreprises opérant dans le cadre des marchés publics nationaux ou internationaux, parce qu'elles sont soumises aux pressions déontologiques ;*
- *les entreprises B to B (business to business), c'est-à-dire les entreprises en relation avec d'autres entreprises, parce qu'elles sont susceptibles d'être exposées à ce type de pressions.*

Les sociétés ont été sélectionnées également en fonction de leur taille, c'est-à-dire en fonction du nombre total de leurs salariés. Enfin, plusieurs secteurs d'activités ont aussi été pris en compte dans la constitution du panel comme le textile, le tourisme et les loisirs, les services personnels, les services de transport, les matériaux de construction, les machines et biens d'équipements, l'information et la bureautique, la finance, la construction, la chimie, la métallurgie, l'automobile, le service aux entreprises, la distribution, l'énergie, la pharmacie / cosmétique, l'électronique et la construction électrique, l'agroalimentaire, les banques et assurances.

L'analyse du taux de réponse

Le dépouillement du matériel d'enquête enregistre un taux de réponse de 9 %, soit 45 entreprises, ce qui peut être jugé, en dépit de la modicité du chiffre, comme un assez bon score pour ce type d'enquête. Les entreprises ayant répondu au mailing sont toutes d'origine française sauf cinq (deux hollandaises, une allemande, une suisse et une japonaise). Tous les résultats quantitatifs de cette étude sont basés sur le mailing et les entreprises en France. Les informations qualitatives intègrent les réponses issues directement de l'ensemble des entretiens (France et étranger).

Parmi les quarante-cinq entreprises, les taux de réponse[2] varient selon les catégories des secteurs d'activité qui ont été retenues pour la constitution du panel, comme le montre le diagramme ci-après :

---

2.   Source : rapport « Données PWC » (2001, quarante-cinq entreprises).

Rapport des données PwC

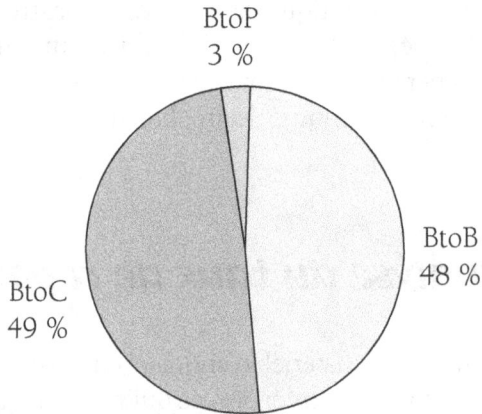

BtoP
3 %

BtoB
48 %

BtoC
49 %

On observe que le taux de réponse est plus élevé dans les entreprises multinationales (75 %) que dans les entreprises nationales (25 %). À cet égard, la plupart des entreprises contactées étant des multinationales, les croisements par secteurs d'activité sont souvent peu représentatifs, c'est pourquoi ils n'ont pas fait l'objet d'un traitement statistique.

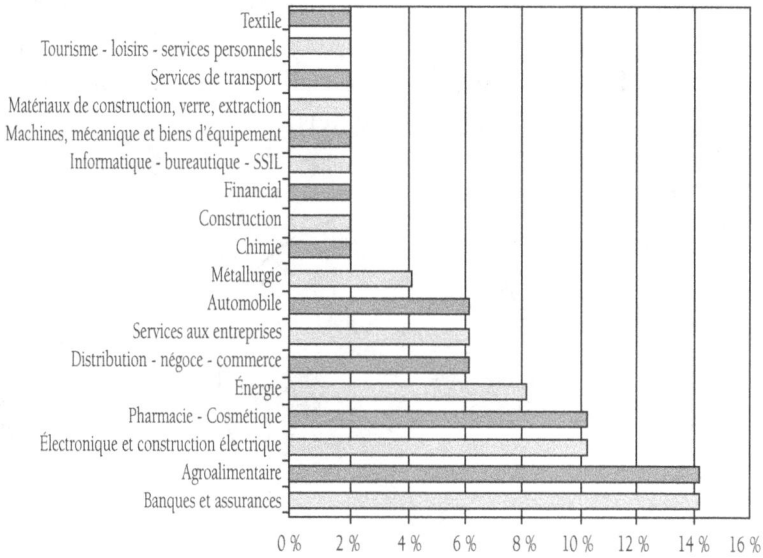

Textile	
Tourisme - loisirs - services personnels	
Services de transport	
Matériaux de construction, verre, extraction	
Machines, mécanique et biens d'équipement	
Informatique - bureautique - SSIL	
Financial	
Construction	
Chimie	
Métallurgie	
Automobile	
Services aux entreprises	
Distribution - négoce - commerce	
Énergie	
Pharmacie - Cosmétique	
Électronique et construction électrique	
Agroalimentaire	
Banques et assurances	

0 % 2 % 4 % 6 % 8 % 10 % 12 % 14 % 16 %

L'analyse des résultats

Dans cette partie, les résultats[3] abordés concernent principalement la naissance de l'éthique dans les entreprises en France et
dans le monde, la définition de la notion d'éthique, l'existence
d'un outil éthique, la forme qu'emprunte cet outil, ainsi que le
public cible de la méthode d'élaboration.

---

3. Les autres résultats de l'enquête sont évoqués au fur et à mesure de l'examen des autres thèmes.

L'éthique fait son apparition dans les entreprises

La réflexion éthique résulte-t-elle de motivations internes ou externes ?

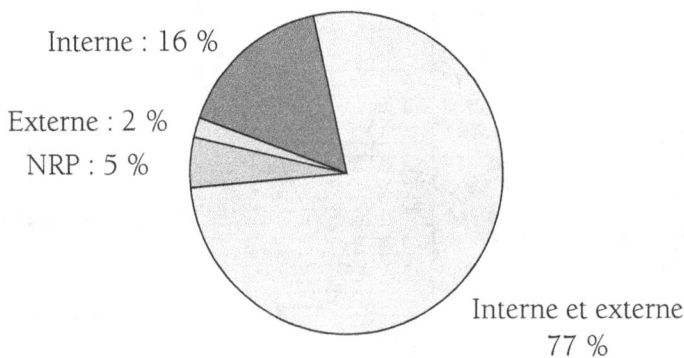

Interne : 16 %

Externe : 2 %
NRP : 5 %

Interne et externe
77 %

Quelles sont les principales motivations internes et externes ?

Motivations internes	
Conviction du dirigeant	73 %
Diversification des activités	30 %
Nouveaux membres dans le CA	7 %
Motivations externes	
Pression des marchés (actionnaires, cotation en bourse)	45 %
Atout concurrentiel	27 %
Agence de *rating*	13 %

Comme le montre le tableau ci-dessus, plusieurs facteurs conduisent les compagnies à intégrer la notion d'éthique dans l'entreprise. D'abord, le fait que l'entreprise se trouve de plus en plus au cœur d'un marché économique qui se mondialise. Ensuite, les progrès technologiques de création et de diffusion des outils de communication, qui fonctionnent comme une caisse de résonance des exigences citoyennes et financières, poussent les entreprises à prendre en compte la dimension sociale et environnementale de leurs activités et à agir en respectant les règles morales. Dans les entreprises B to C, la naissance de l'éthique est une réponse à ce contexte de pression consumériste et médiatique. Enfin, l'émergence de nouvelles contraintes légales (relatives à la corruption par exemple) conduisent les entreprises B to P, qui opèrent dans le cadre des marchés publics, à mettre en place des dispositifs éthiques, à se mettre en conformité.

En France, la conviction personnelle du dirigeant préside souvent à la mise en place d'une réflexion éthique. On distingue alors les dirigeants « éclairés » des dirigeants soumis eux-mêmes à une pression externe (pression de marchés, atout concurrentiel). L'adoption d'une démarche éthique est souvent un pré-requis pour certains secteurs d'activité et n'est pas forcément considérée comme un atout concurrentiel : une entreprise se doit d'être éthique.

Si certaines démarches découlent d'approches environnementales déjà existantes dans l'entreprise afin de tendre vers des démarches globales de développement durable, il semble que la plupart des entreprises n'ont pas encore pris conscience des enjeux liés au développement durable. En effet, les pressions que peuvent exercer les agences de *rating* ne sont que pour 13 % des répondants un moteur de la mise en place de la démarche éthique dans l'entreprise. En revanche, aux États-Unis et dans les pays du nord de l'Europe (Norvège), les agences de *rating* incitent les entreprises à mettre en place une démarche éthique.

La pression des associations et des organisations non gouvernementales n'est pas reconnue comme un facteur d'incitation pour les entreprises, en particulier en France, où aucune entreprise ne reconnaît publiquement que la pression exercée par certaines ONG serait à l'origine de la mise en place de démarches éthiques. En revanche, dans les pays de l'Europe du Nord, l'influence des ONG sur les entreprises est réelle. Il est incontestable que les ONG exercent une pression sur l'ensemble des entreprises, en particulier dans les secteurs largement confrontés à l'opinion publique, donc au consommateur.

D'après les résultats de l'étude à l'international, il ressort que les motivations des entreprises varient selon les pays. Ainsi, en Angleterre, la conviction que l'éthique représente un réel atout concurrentiel, l'avancée dans le secteur concerné de la mise en place d'outils éthiques, la nécessité de s'assurer que les exigences réglementaires sont connues et respectées dans l'entreprise constituent les principales motivations.

En Norvège et en Suisse, l'atout concurrentiel que ce type de démarche représente fonde pour l'essentiel les motivations des entreprises. Cependant, en Norvège, certaines entreprises se définissent comme des pionnières car elles ont mis en place des outils et des démarches éthiques depuis plusieurs années, sans qu'aucune pression externe ne les motive. Ce sont donc réellement des précurseurs en Europe. Aux États-Unis, la motivation des entreprises est davantage financière. Elle est indirectement exprimée par les entreprises qui précisent que leur motivation est associée à la nécessité d'être en conformité avec les exigences légales applicables.

La définition de la notion d'éthique

* Que recouvre pour vous la notion d'éthique ?

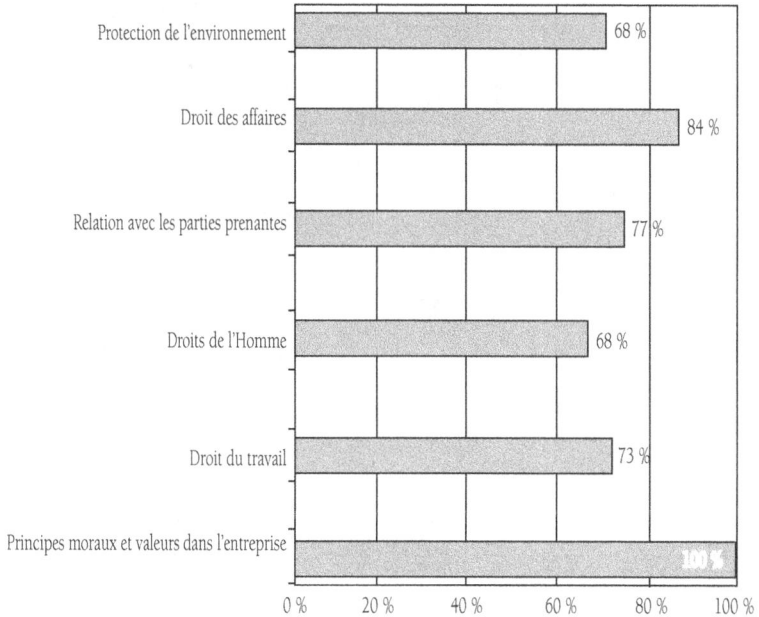

Catégorie	Pourcentage
Protection de l'environnement	68 %
Droit des affaires	84 %
Relation avec les parties prenantes	77 %
Droits de l'Homme	68 %
Droit du travail	73 %
Principes moraux et valeurs dans l'entreprise	100 %

* Quels sont les thèmes abordés dans votre outil ?

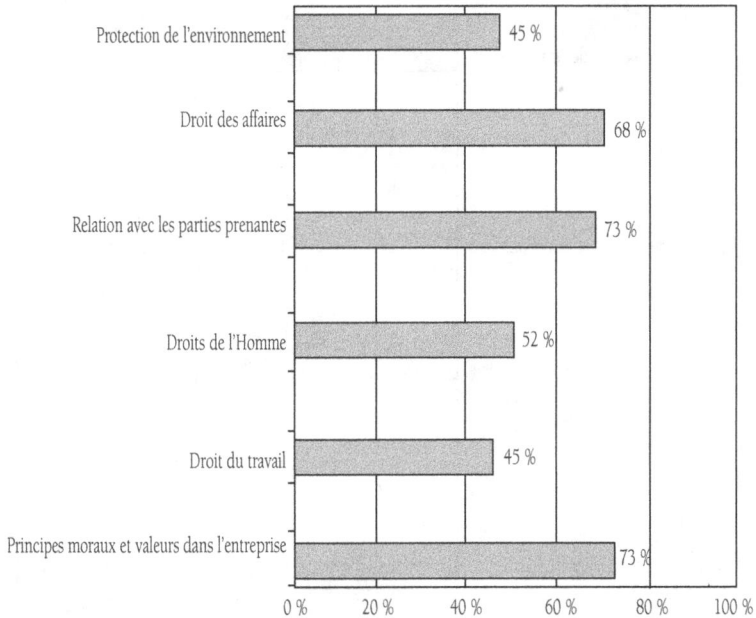

En France, les outils des entreprises ne couvrent pas l'ensemble des notions citées. Les thèmes ayant un fort pourcentage, comme les principes moraux ou les relations avec les parties prenantes, sont ceux qui sont peu soumis à des réglementations et pour lesquels les entreprises expriment le besoin de définir des exigences. À l'inverse, les notions de droits de l'homme et de droit du travail, qui sont plus réglementées en France, semblent nécessiter moins d'engagements volontaires.

Cependant, les limites de l'interprétation par pays, 90 % des entreprises ayant répondu étant françaises, sont réelles. Un mailing dans d'autres pays ne donnerait probablement pas les mêmes proportions. Aux États-Unis, par exemple, la conformité réglementaire est un aspect majoritaire. De plus, la fonction des personnes interrogées influe sur les réponses obtenues : par exemple, l'ensemble des DRH ayant répondu aux questionnaires incluent le droit du travail dans l'éthique.

En France, on a tendance à vouloir distinguer les notions d'éthique, de morale et de déontologie, contrairement aux États-Unis où le même terme « *ethics* » recouvre ces trois notions. Les termes « éthique » et « morale » ont la même origine étymologique : *ethos* en grec et *mores* en latin, qui a la même signification que le mot grec « éthique ». La morale définit l'ensemble des principes à dimension universelle, normative. L'éthique définit l'ensemble des principes de conduite partagés et typiques d'une société donnée. Elles sont toutes deux fondées sur la distinction entre le bien et le mal et définissent les bonnes conduites et les bonnes mœurs. Ces deux termes sont donc très proches. On peut cependant les distinguer par le fait que la morale est plutôt liée à la vie individuelle des personnes alors que l'éthique est rattachée à la vie des affaires, à la vie économique, entre autres.

La déontologie se définit comme l'ensemble des règles dont se dote une profession ou une organisation professionnelle. La profession ou organisation professionnelle élabore des règles de conduite, de surveillance et d'application. Ces règles concernant les relations avec les tiers sont souvent formalisées dans un « code de déontologie » (*cf.* ceux des ordres professionnels ou des banques).

La notion d'éthique dans les entreprises françaises est nouvelle. Elle varie selon le point de vue des interlocuteurs rencontrés, selon le secteur d'activité de l'entreprise considérée et selon l'origine géographique de l'entreprise. En effet, d'après l'enquête réalisée, l'éthique recouvre principalement trois notions :

© Éditions d'Organisation

- *celle de conformité réglementaire (93 % des répondants, les 7 % restant appartiennent aux secteurs des banques et assurance et à l'énergie). Les 7 % qui n'intègrent pas la réglementation dans l'éthique considèrent que le respect des réglementations est un minimum et que l'éthique est beaucoup plus large et volontariste ;*
- *celle de règles de bonne conduite par rapport à une déontologie plus philosophique, c'est-à-dire au respect des bonnes mœurs (100 % des répondants). Les valeurs humaines sont de plus en plus appliquées à l'entreprise, on parle d'« entreprise responsable » ;*
- *celle des relations avec les parties prenantes, le plus souvent fournisseurs et sous-traitants, médias, actionnaires (77 % des répondants).*

Mais l'éthique recouvre également une notion plus globale qui s'intéresse aux aspects sociaux, environnementaux (68 % des répondants) et réglementaires. Cette dernière rejoint par conséquent la notion de « développement durable ».

En France, les codes déontologiques sont principalement élaborés par les professions libérales (médecins, pharmaciens, commissaires aux comptes, …), avec le plus souvent une validation par l'État des règles arrêtées. Les outils éthiques (charte, politique, …) sont, à l'inverse, plutôt des outils qui s'appuient sur des normes édictées par des organisations internationales (OIT, OCDE, ONU) ou élaborés par les entreprises elles-mêmes. Les outils utilisés ne font pas l'objet d'un encadrement juridique et se présentent, en conséquence, sous différentes formes et appellations. Ainsi, sur un panel de quarante-cinq entreprises, on observe que :

- *plus de 18 % d'entre elles possèdent des « politiques » ou « chartes » ;*
- *23 % des « codes de conduite » ou bien des « livrets de valeurs » ;*

- *4 % utilisent des outils qui peuvent combiner ces termes génériques.*

Dans les différents pays concernés par l'étude, les contextes réglementaires, les pressions des groupes sociaux et l'historique de la mise en place des outils éthiques dans les entreprises sont variables. En conséquence, les thèmes abordés et pris en compte dans les outils éthiques, au plan international, sont distincts de ceux qui sont traités dans les outils français.

Ainsi, aux États-Unis et en Angleterre (pays dans lequel les concepts relatifs à l'éthique sont très proches du contexte américain), les thèmes figurant dans les outils éthiques reflètent une vision très réglementaire de l'éthique de l'entreprise et portent donc, par exemple, sur la conformité au droit du travail ou au droit des affaires, etc.

En Norvège et en Suisse, les thèmes abordés s'intègrent dans une démarche de développement durable globale et concernent donc certes des aspects réglementaires mais aussi environnementaux ou relatifs aux bonnes pratiques, etc. Les démarches éthiques sont parfois même directement issues de problématiques environnementales.

L'existence d'un outil éthique dans les entreprises

D'après les données de PwC, 82 % des répondants possèdent un ou plusieurs documents écrits qui définissent les valeurs et les principes que les entreprises s'engagent à suivre sur le plan éthique. Par ailleurs, 18 % des répondants ne possèdent pas d'outil formalisé, même s'ils développent une démarche éthique.

Plusieurs variables affectent l'existence d'un outil éthique dans les entreprises.

Variation selon la catégorie de l'entreprise

Ainsi, 68 % des entreprises de la catégorie B to B ont mis en place un outil qui décrit les règles et les valeurs éthiques de l'entreprise (treize entreprises sur dix-neuf), 91 % des répondants de la catégorie B to C ont un outil éthique (vingt entreprises sur vingt-deux), 100 % des répondants de la catégorie B to P (trois entreprises sur trois). En revanche, 85 % des entreprises multinationales (sur trente-trois entreprises) ont un outil éthique contre seulement 73 % des entreprises nationales (huit entreprises sur onze).

Variation en fonction de la taille de l'entreprise

Ainsi, les entreprises qui mettent en place des outils éthiques en interne sont, pour la plupart, des entreprises de plusieurs centaines de salariés. Ce sont en majorité des grandes entreprises, même si des petites entreprises de moins de cinquante salariés déclarent intégrer également l'éthique dans leur management interne. Plus les entreprises grandissent, plus elles éprouvent le besoin de formaliser leur organisation dans le domaine. En revanche, il est impossible d'affirmer que l'existence d'un outil éthique varie selon les secteurs d'activité, puisque les résultats de l'étude montrent que l'élaboration d'une charte éthique ou d'un document « éthique » les concerne tous.

La diversité du public,
cible de l'outil éthique

À qui s'adresse votre outil éthique, en interne et en externe ?

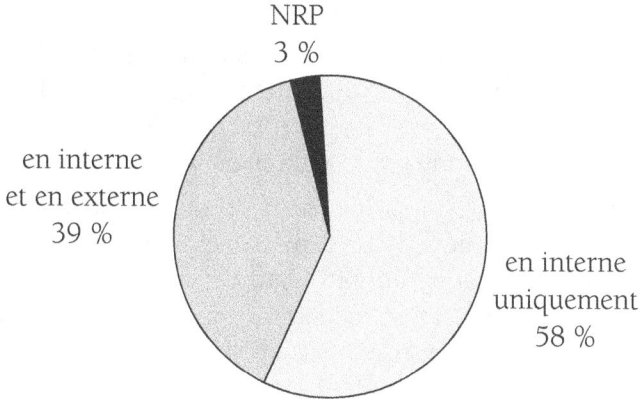

NRP
3 %

en interne
et en externe
39 %

en interne
uniquement
58 %

Quelles sont les cibles de votre outil éthique ?

Tout le personnel, les fournisseurs	28 %
Tout le personnel	61 %
Le management uniquement	3 %
Sans réponse	8 %

En France, les outils « éthiques » sont des outils internes qui s'adressent en priorité à l'ensemble du personnel. Ils sont généralement diffusés par envoi personnalisé, affichage interne et par des sessions de formation en interne. Il s'agit plus d'outils de « défense » et de « protection » que d'outils de communication externe. Aux États-Unis, les outils sont aussi des instruments de communication vis-à-vis des fournisseurs et des sous-traitants.

En France comme à l'international, l'outil éthique est un outil de management et de gestion interne. Instrument de communication interne, il peut parfois être utilisé pour communiquer en externe (auprès des actionnaires par exemple). Le personnel constitue toutefois la première cible des outils éthiques, qui sont l'occasion pour la direction de clarifier auprès des salariés les valeurs de l'entreprise, ses règles en ce qui concerne la gestion des affaires, afin qu'il intègre la logique de la responsabilisation.

De nombreuses entreprises françaises et internationales ne souhaitent pas communiquer leur démarche éthique, par crainte de voir leur communication utilisée à leur détriment. Ces sujets très sensibles sont trop souvent médiatisés sans que la communication soit réellement maîtrisée. Par ailleurs, certaines entreprises qui disent utiliser un seul outil éthique ont, en réalité, plusieurs outils destinés à des cibles différentes (salariés, fournisseurs, actionnaires) et traitant d'un sujet en particulier (droit social, environnement, etc.).

Partie II

Qui va piloter le processus dans l'entreprise ?

4

Le déontologue dans l'entreprise : un profil à définir

Engager une démarche déontologique est l'expression d'un choix majeur de la part du management de l'entreprise. Nous venons d'en voir la diversité des formes et la complexité à la fois des origines et des finalités. Encore faut-il que ce choix ne soit pas simplement déclaratif et qu'on ne se borne pas à le proclamer en se gardant bien de l'organiser. De ce point de vue, le temps des chartes proclamées, quand ce n'est pas autoproclamées, est révolu.

Aussi, pour le dirigeant qui s'engage dans un mouvement si fortement porteur de sens et de conséquences pour l'entreprise, se pose la triple question de l'organisation de cet engagement, du pilotage de ce processus et du choix de ses responsables.

Phénomène relativement récent, peu enseigné encore dans les écoles, l'approche déontologique risque alors, naturellement, de bouleverser les schémas traditionnels d'organisation de l'entreprise. C'est sans doute la raison pour laquelle la fonction déontologique est dans la majorité des entreprises portée par les structures habituelles du management et en général « absorbée » par une direction fonctionnelle. Cela est clairement établi par l'enquête internationale.

De même, la définition de la mission, des pouvoirs et des moyens de ceux qui en ont la charge reste en général imprécise et diverse. Pourtant, on voit émerger, de plus en plus souvent, une structuration spécifique de la démarche déontologique dans l'entreprise. Cela est évidemment nécessaire là où la loi le prévoit : il en est ainsi dans les institutions financières. Mais c'est également la caractéristique d'un grand nombre d'entreprises et le cas français, comme le montre l'étude qui suit, est révélateur non seulement de la spécificité de la situation française mais aussi des différentes catégories possibles de déontologues.

En un mot, la responsabilité de la mise en œuvre et du pilotage de la fonction déontologique dans l'entreprise tend à devenir un vrai métier, et ce métier un vrai plein temps. Un bémol toutefois à cette constatation : l'appellation de « déontologue » n'est pas toujours satisfaisante car elle ne rend pas complètement compte de la spécificité de cette mission. C'est pourquoi on lui préfère souvent d'autres qualificatifs, en général plus anglo-saxons mais aussi plus révélateurs de la fonction (par exemple, la *compliance*).

Après avoir examiné les analyses de l'enquête internationale, entendu les conclusions de l'étude sociologique sur la place et le rôle des déontologues en France, écouté la présentation du « métier » de déontologue par les experts consultés et fait d'importants constats, il a paru possible de formuler un certain nombre de propositions sur le métier et les missions du déontologue ou les conditions de sa désignation. **Certaines paraîtront audacieuses peut-être, mais toutes sont fondées sur la certitude d'une inéluctable transformation du management par l'éthique et la déontologie.**

En effet, loin de créer des enjeux de pouvoir au sein de l'entreprise et de perturber le bon fonctionnement de directions, particulièrement la direction des ressources humaines ou la direction juridique, la fonction déontologique est appelée à devenir un élément fédérateur du management. Elle doit préserver les responsabilités de chacun tout en garantissant le maintien du cap choisi, c'est-à-dire l'approche déontologique des métiers.

Les principaux constats

La prise en charge des questions touchant à la déontologie, à la *compliance* et, d'une façon générale, à la mise en place et au suivi des principes et des objectifs énoncés dans les chartes et les codes de bonne conduite est aujourd'hui mal assurée, à l'exception des institutions financières, pour lesquelles les règlements du CMF prévoient clairement les attributions des déontologues financiers.

La dénomination des responsables de ces questions est, comme on l'a dit, extrêmement diverse. On parle tantôt de « chargé de la déontologie », de « déontologue », de *« compliance officer »,* de « responsable éthique » ou bien encore de *« responsability manager »*.

L'identification des responsables n'étant pas claire dans l'entreprise, la démarche déontologique devient inévitablement l'enjeu de « querelles de frontières » entre la fonction juridique, la fonction personnel, le secrétariat général et la direction générale. Cette indétermination des champs de responsabilité peut se révéler source de tensions et d'inefficacité. Il existe, de ce fait, un impératif d'identification de la fonction déontologique, tant à l'égard de la hiérarchie que des partenaires sociaux dans l'entreprise, et il est d'autant plus fort que l'entreprise est diverse par ses métiers et ses implantations nationales.

Enfin, autre constat, l'examen de la situation française a permis de mettre en lumière la spécificité historique du modèle déontologique français. En effet, en France, la désignation de responsables de la déontologie se révèle historiquement liée à des facteurs particuliers, notamment :

- *l'internationalisation de l'entreprise publique qu'on vient de privatiser ;*
- *l'opération de restructuration ou de croissance externe qui fait découvrir de nouveaux métiers et de nouveaux risques ;*
- *le poids des instances de jugement (mise en cause des responsabilités pénales devant les tribunaux et/ou pression des médias).*

© Éditions d'Organisation

5

L'enquête internationale

Comment s'organise la fonction déontologique dans l'entreprise ? La seconde partie de l'enquête menée par PricewaterhouseCoopers a permis d'apporter des réponses claires à cette question fondamentale. L'enquête a concerné plus particulièrement les ressources humaines que l'entreprise mobilise pour mettre en œuvre sa démarche déontologique. Elle traite successivement de leur place dans l'entreprise, de leur rôle ainsi que de leurs pouvoirs.

La place du (ou des) responsable(s) de la déontologie

La place du (ou des) responsable(s) de la déontologie a été étudiée à la fois dans les entreprises françaises et étrangères.

Quand il n'y a pas de fonction identifiée, quelle est la personne en charge de ces thèmes ?

Les aspects d'éthique sont en général pris en charge par une ou plusieurs personnes	
Direction des Ressources Humaines	39 %
Direction de l'audit	9 %
Direction générale	9 %
Comité d'éthique regroupant plusieurs fonctions, dont la DRH	9 %
Plusieurs personnes, dont le DRH et le directeur	26 %

Existe-t-il, dans votre entreprise, un responsable dédié uniquement à l'éthique ?

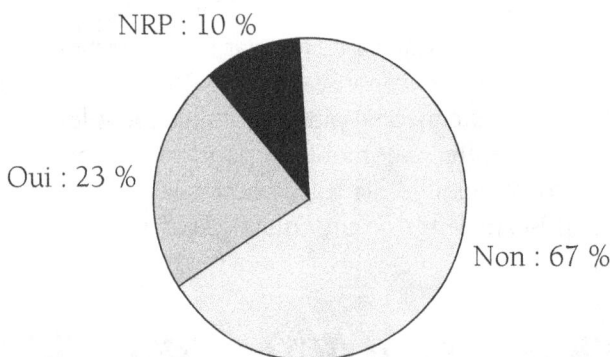

NRP : 10 %

Oui : 23 %

Non : 67 %

Comme on peut le constater d'après ces résultats, l'identification des responsables de la déontologie ne va pas de soi dans les entreprises, qu'elles soient françaises ou étrangères. Ainsi, sur les quarante-cinq entreprises interrogées, plus de 67 % déclarent ne pas avoir mis en place une fonction dédiée uniquement à la déontologie !

La situation en France

Près de 60 % des entreprises interrogées déclarent que la prise en charge de ces questions incombe à la fois à la direction des ressources humaines et à la direction juridique. C'est donc la dimension sociale, à travers notamment les questions des droits des salariés et de leur comportement, qui est implicitement valorisée lorsque les entreprises se tournent vers la direction des ressources humaines. À l'inverse, les entreprises entendent d'abord réguler le rapport à la loi quand elles désignent la direction juridique comme responsable de l'éthique de l'entreprise.

Plus rarement, dans 9 % des cas, les entreprises ont mis en place un comité d'éthique qui fédère sur ce plan de multiples fonctions de direction, comme celles de l'environnement, des ressources humaines, du droit et d'inspection. Ainsi, il apparaît qu'en France aussi, la fonction déontologique n'est ni clairement identifiée ni autonome, puisqu'elle reste portée par des fonctions anciennes et traditionnelles dans la majorité des cas. Pourtant, si les entreprises françaises considèrent en général que la responsabilité d'un comportement déontologique incombe à l'ensemble des salariés et, en ce sens, n'impose pas la création d'une fonction spécifique, certains, en revanche, commencent à adopter une orientation différente. Elles font alors le choix de créer une structure qui occupe une place distincte des directions traditionnelles, structure qu'elles situent à un haut niveau, mais hors hiérarchie, et qu'elles rattachent souvent au Président. Le responsable désigné n'est généralement pas intégré directement dans le « circuit décisionnel » de l'entreprise et il intervient plutôt comme un conseiller neutre et indépendant.

La situation aux États-Unis

Outre-Atlantique, rares sont les entreprises qui dédient une fonction spécifique à la prise en charge des aspects éthiques. Le responsable en est généralement le directeur juridique, ce qui s'explique aisément par le fait que la démarche des entreprises américaines reste principalement orientée par la logique de *compliance*, qu'imposent les *Federal Sentencing Guidelines*.

La situation dans l'ensemble des pays de l'étude

L'existence d'une fonction identifiée va de pair avec la désignation d'un cadre doté d'une connaissance de la culture de l'entreprise acquise dans la durée. Ainsi, l'ancienneté est souvent valorisée parce qu'elle permet d'appréhender efficacement et rapidement les questions éthiques propres à une entreprise qu'on connaît bien.

Missions et pouvoirs du responsable désigné

Quelles sont les missions de la personne en charge de l'éthique ?

Missions de la personne en charge de l'éthique	
Conseil	48 %
Formation	27 %
Contrôle / audit	41 %
Représentation externe	18 %

La situation en France

Il ressort des résultats de l'enquête que le responsable de l'éthique assure de multiples missions. Pour faciliter la prise de décision en interne, il assure d'abord une mission de conseil. La formation du management, des salariés et des nouveaux recrutés fait partie également de ses prérogatives. La mise en place de programmes d'audit constitue un autre volet de son rôle. Enfin, cette fonction est également tournée vers l'environnement extérieur de l'entreprise, puisque son responsable est généralement chargé des relations avec les instances publiques et les médias.

Quel est le pouvoir actuel de la personne en charge de l'éthique ?

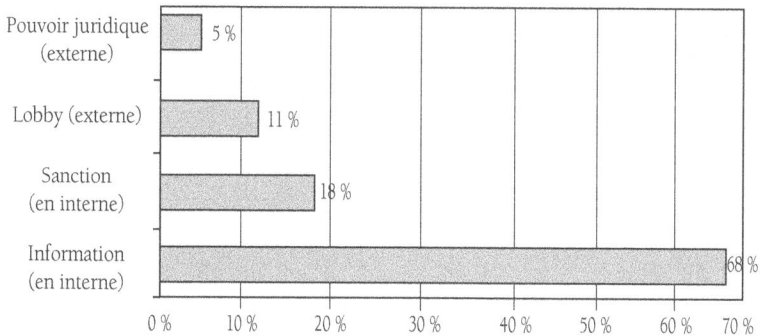

Pouvoir de la personne en charge de l'éthique

La plupart des entreprises françaises insistent sur le fait que le responsable de l'éthique a pour rôle d'informer le Président, ou le P-DG, auprès de qui il est souvent placé, mais qu'il ne dispose pas du pouvoir de sanctionner. Cependant, pour 18 %

d'entre elles, il a, en plus de son rôle d'information, un pouvoir de sanction.

La situation internationale

De l'examen du contexte international, il ressort essentiellement une assez grande hétérogénéité des missions. Ainsi, en Norvège, le responsable de l'éthique combine un double rôle : formation en interne et représentation en externe (collaboration avec d'autres entreprises, participation à des colloques, etc.). En Grande-Bretagne, ses missions convergent vers le conseil et la formation. En Asie, le rôle du responsable de l'éthique est orienté également vers ce type de missions, sans pour autant que celles-ci s'accompagnent d'une pratique de la communication à l'externe.

6

L'étude du cas français

Il a paru intéressant de s'interroger sur les raisons de l'émergence, en France, depuis une dizaine d'années environ, de ce nouveau métier de déontologue. Fondée sur une enquête de terrain réalisée au cours du premier semestre 2000, l'étude a consisté à exploiter différentes sources documentaires (articles de presse, revues professionnelles, sites Web), à observer directement plusieurs colloques et séminaires de formation sur ces questions. Elle s'appuie en outre sur une série d'entretiens réalisés auprès de cadres dirigeants d'entreprises françaises et de filiales françaises de firmes anglo-saxonnes. Ces dernières ont été sélectionnées en fonction de leurs conditions initiales d'engagement dans la démarche déontologique :

- *que celles-ci soient nationales ➡ condamnations par la justice française de leurs pratiques, mises en cause par les pouvoirs publics de la responsabilité de l'entreprise dans le domaine des licenciements, dénonciations par la presse de certaines comportements ;*

- *ou internationales* ➤ *restructuration économique, stratégie de croissance externe, acquisitions de sociétés étrangères, extension des activités à de nouveaux métiers.*

Pour respecter l'engagement pris auprès des responsables interrogés – il s'agissait, dans tous les cas, de grandes entreprises – leur anonymat a été respecté, sauf accord inverse.

La crise modifie les comportements

En exposant les marchés traditionnellement protégés par l'État à l'ouverture des frontières qui libère la circulation des capitaux, le processus de dérégulation international[1], amorcé au cours des années 1980 pour faire face à un état de crise économique mondiale, a affecté les pratiques des espaces nationaux. Ainsi, contraintes à des restructurations économiques pour affronter un environnement international de plus en plus concurrentiel, les entreprises françaises ont procédé à des licenciements massifs, qui ont mis un terme à la croissance des Trente Glorieuses. Par ces actions, elles ont affecté du même coup la croyance de l'opinion publique dans le plein emploi.

Dans le même temps, la diversification des activités des entreprises françaises à l'étranger a multiplié les occasions d'attaques[2] par des organisations de solidarité internationale, qui leur reprochent de s'implanter dans certains pays en voie de développement peu regardants vis-à-vis du respect des droits de l'homme. Cette

---

1. Jacques Adda, *La mondialisation de l'économie,* tome 1, 1996.
2. Sur le récit des tensions entre les ONG et les compagnies pétrolières, notamment, voir par exemple le rapport de la commission des affaires étrangères, *Pétrole et éthique ? Une conciliation possible,* Les documents d'information de l'Assemblée nationale, tomes 1 et 2, 1999.

situation d'ouverture a également contribué à brouiller les frontières entre ce qui relève des pratiques licites ou illicites : certains opérateurs, qui utilisaient les techniques du droit commercial pour investir dans les paradis fiscaux, ainsi que la libre circulation des capitaux ou le secret bancaire afin de pénétrer les économies légales[3]. En outre, les accusations que la presse et la justice portent alors à l'encontre de certains acteurs économiques français tendent à discréditer les vertus de l'ensemble des entrepreneurs nationaux, parce que celles-ci révèlent que les conflits d'intérêts et / ou le détournement des législations par l'usage de zones franches président à l'obtention des contrats commerciaux.

Cette situation bouleverse l'ordre des usages commerciaux nationaux. Dans ce climat, on observe, dans le champ français des entreprises, la montée d'une pratique naissante orientée vers la production d'une offre déontologique. Cela s'explique d'autant mieux que les entreprises, pour préserver leur position sur les marchés, accumulent, outre des bénéfices purement financiers, des « ressources » symboliques comme la confiance, la qualité de la marque et la fidélité. Confrontées à un espace économique international, elles tendent à réajuster leurs propres règles de conduite en vue de protéger leur réputation. Si la production de la respectabilité de l'entreprise semble aller dans le sens d'une privatisation de l'offre, celle-ci ne coïncide pas pour autant avec la mise en place de mécanismes d'autorégulation. En fait, des dispositifs publics (convention, directive européenne, législation nationale) encadrent largement la protection de la réputation de l'entreprise.

© Éditions d'Organisation

---

3. En ce qui concerne les sommes qui transitent par ces places financières *off-shore* et les avantages que celles-ci représentent pour les opérateurs économiques (faible fiscalité, secret bancaire, préservation de l'anonymat des propriétaires des sociétés), on peut lire le rapport du Forum de stabilité financière publié par *Le Monde,* 28-29 mai 2000.

La construction de l'offre déontologique

La mise en place de l'offre déontologique s'appuie sur l'expérience de professionnels dans différents secteurs :

- *magistrat de l'ordre judiciaire et administratif en disponibilité ou ayant démissionné de la magistrature ;*
- *responsable des ressources humaines ;*
- *juriste d'entreprise ;*
- *risk manager ;*
- *directeur des services financiers, du développement, de la qualité, des relations extérieures de la formation ou bien encore de l'import-export ;*
- *contrôleur ou secrétaire général chargé des affaires internationales ;*
- *inspecteur d'instances de régulation financière ;*
- *ex-auditeur interne d'un grand cabinet d'audit anglo-saxon ;*
- *directeur d'une filiale de l'entreprise ;*
- *conseiller du président, sachant que ce conseiller peut être soit un intervenant extérieur, soit l'ex-responsable d'une direction fonctionnelle ;*
- *gestionnaire de patrimoine ;*
- *ancien contrôleur de gestion reconverti dans le commerce équitable ;*
- *expert en audit social et environnemental.*

Par ailleurs, ces professionnels évoluent dans différents secteurs d'activité. Cela les conduit à produire des prestations spécifiques, selon qu'ils opèrent au sein d'une compagnie pétrolière, d'un cabinet d'audit, d'une société de distribution alimentaire ou prestataire de services, d'un groupe industriel, d'une société de gestion de patrimoine, de la division investissement ou de la cellule anti-blanchiment d'une banque ou d'un cabinet de conseil en stratégie et citoyenneté d'entreprise, ou bien encore d'un cabinet d'analyse sociale et environnementale. La diversité de leur expérience renvoie également à une grande hétérogénéité des produits offerts :

- *une société de distribution peut valoriser un café certifié équitable ou créer une fondation orientée vers le financement de projets d'insertion, tout comme le fait un groupe alimentaire ou une compagnie d'assurance ;*
- *un cabinet d'expertise peut vendre une base de données d'entreprises engagées dans le développement durable ou bien l'accréditation d'une norme respectant les principes de l'Organisation Internationale du Travail ;*
- *un gestionnaire de patrimoine peut proposer un produit financier éthique ;*
- *une banque peut offrir une mission de conseil à des entreprises en conformité avec le respect des règles financières ;*
- *une association peut promouvoir sa conception de l'éthique par des « dîners débats » auprès de cadres dirigeants de grandes entreprises ;*
- *un institut de formation peut commercialiser des études de cas éthiques.*

Comment concevoir l'offre déontologique ?

La diversité de ces pratiques contribue à entretenir un certain flou sur la manière de concevoir l'offre déontologique dans et hors de l'entreprise. Cette imprécision est liée aux enjeux dont la production de cette offre est investie. Tout porte à croire que les investissements de forme se réalisent sans que cela se sache tout en se sachant. Leur diffusion reste le plus souvent circonscrite à des lieux professionnels[4], généralement fermés aux médias. Lorsque la presse spécialisée[5] les interroge, les entreprises précisent aux journalistes que la communication vers l'extérieur ne constitue pas une démarche prioritaire et valorisent plutôt la discrétion de leurs pratiques.

En revanche, ces mêmes entreprises peuvent faire connaître leur engagement auprès de la presse institutionnelle[6] et montrer ainsi les moyens qu'elles déploient pour moraliser leurs pratiques. Enfin, des petites structures, à caractère associatif ou commercial, n'hésitent pas à promouvoir, par le canal des nouvelles technologies ou de la presse, l'engagement « citoyen » des clients qu'elles conseillent ou qui peuvent être leurs partenaires.

Si la définition des frontières de la production de l'offre déontologique semble être l'une des règles du jeu de présentation de soi dans cette zone de l'espace social, on peut tenter cependant de décrire cette pratique par rapport aux lieux où elle s'exerce et en fonction des professionnels concernés. La démarche adoptée dans l'étude du cas français a donc été la suivante : traiter la montée de cette pratique à la fois comme le produit de savoir-faire différenciés et comme un révélateur de contraintes qui pèsent sur le champ des entreprises. Pour en comprendre les mécanismes, l'objectif fixé a été de faire apparaître les logiques d'investissement qui guident la construction de l'offre déontologique. Ce processus varie selon que les entreprises s'engagent dans l'internationalisation de leurs activités, réalisent des actes nationaux de « pénitence publique » ou occupent une position intermédiaire qui les porte à se protéger pour faire face à

---

4. Comme les instituts de formation tels l'ICAD ou encore les rencontres du Cercle Éthique des Affaires ou du Cercle des déontologues du Centre National des Professions Financières.
5. Comme *Liaisons sociales, Entreprise, Management et Finance.*
6. *Le Monde*, 2 juin 1999.

des usages commerciaux inconnus et éviter d'être accusées de pratiques illégales.

Dans le cadre ainsi construit, la deuxième partie de cette démarche tente de montrer comment ces entreprises produisent l'offre déontologique. Là encore, le mode de lecture proposé suit la spécificité de l'histoire des pratiques esquissée dans la première partie. Ainsi, on voit que de multiples formes de gestion de l'offre déontologique correspondent à la diversité des lieux où elles se déploient.

Enfin, dans la troisième partie de l'analyse de la situation française, on verra comment s'élaborent les liens entre les orientations des firmes (international, pénitence publique, intermédiaire) et les produits de l'offre déontologique en mettant l'accent sur les ressources professionnelles mobilisées. L'idée est de montrer que les entreprises, en produisant des investissements de forme, valorisent en même temps de multiples trajectoires professionnelles.

Les logiques de l'offre déontologique

Une fois reconstituées, ces logiques d'investissement permettent de comprendre comment en France un espace de pratiques est parvenu à s'organiser.

La diversification internationale des ressources

C'est dans la logique de diversification des activités vers le champ économique international qu'apparaît le plus clairement le principe de hiérarchisation de l'espace des entreprises qui produisent une offre déontologique. L'orientation de ces entreprises, au-delà des frontières nationales, va de pair avec l'absence de diffusion externe de leurs investissements symboliques en matière de déontologie et cela les porte à se distinguer de sociétés dont l'engagement est le corollaire de condamnations judiciaires. Celles-ci appréhendent la publicité autour de l'offre éthique sur un mode critique qui atteste leur volonté de se singulariser : « On n'est pas déclamatoire » ; « Seuls les faits comptent » ; « On n'a pas besoin de café éthique » ; « Ce n'est pas un logo ». Ces appréciations se traduisent dans les actes quotidiens. Une attente dans le hall d'accueil peut éclairer le visiteur sur la position de ces entreprises qui reconsidèrent discrètement leurs activités : aucun document (journal interne, rapport annuel) ne laisse à penser qu'elles ont créé un comité de réflexion sur leurs pratiques commerciales ou formalisé leur éthique. Leur absence des forums consacrés à l'éthique ou à la lutte contre la corruption (même si leurs représentants sont parfois présents dans l'auditoire) ou une présentation succincte de leur groupe sur le réseau électronique est également significative de la distance qui les sépare des sociétés les plus médiatiques. Celles-ci communiquent très facilement sur leurs actions et n'hésitent pas à annoncer à la presse l'arrivée d'un magistrat au poste de conseiller, en matière de déontologie, ou la création d'un comité d'éthique.

L'internationalisation, comme mode de justification de l'investissement déontologique

L'internationalisation s'observe du côté des entreprises locales et familiales qui ont accru leur capital par leur entrée sur le marché boursier et la réalisation d'opérations financières (fusions et acquisitions d'entreprises étrangères). C'est également le cas des

« champions nationaux », qui reconsidèrent l'accumulation de leur profit à la lumière de décisions d'ordre public (privatisations de sociétés publiques, législation limitant les implantations nationales de sociétés de distribution, application de directives européennes en matière d'harmonisation financière) ou d'autorités de régulation professionnelle (corpus législatif du conseil des marchés financiers).

Ces « champions nationaux » qui occupent au sein du champ économique français une position de quasi-monopole, grâce, le plus souvent, aux aides de l'État (participations financières, soutien à l'exportation), doivent ajuster leurs pratiques afin de se maintenir dans le champ, face à une nouvelle configuration de leur marché, par exemple en diversifiant l'offre par une redéfinition de leur culture commerciale : alliances avec des sociétés étrangères, valorisation du client au détriment de l'usager.

De même, l'élargissement du capital de groupes multinationaux que traduit une politique de croissance externe accrue (rachat de concurrents), ou la délocalisation des unités de production, tend à déplacer des stratégies d'investissement vers de nouvelles zones géographiques, plus favorables économiquement à l'implantation de multinationales : Amérique latine, Asie du Sud-Est, Chine, Inde mais aussi la Russie. Mais l'extension d'une partie de leurs activités vers des pays en voie de développement, dominés par des régimes politiques souvent dictatoriaux et ne respectant pas les Droits de l'homme, ne se fait pas sans dommages. Face à la pression de la société civile et des ONG, ces groupes multinationaux sont contraints de reconsidérer leurs pratiques commerciales afin de mieux appréhender les cultures locales. En outre, ces groupes cherchent à anticiper d'éventuelles attaques provenant d'associations internationales des Droits de l'homme, qui utilisent les médias pour dénoncer les conditions de travail de la main-d'œuvre locale, à laquelle ces derniers font appel. Cette nécessité s'accroît face aux pressions de nouveaux actionnaires, notamment anglo-saxons, qui les poussent à produire une information la plus transparente et responsable possible sur les conditions de production de leurs biens et services.

En orientant leur possibilité de profit vers un champ économique international, ces entreprises françaises, dont le capital est en cours de restructuration, sont confrontées à des formes de régulation différentes, qu'elles doivent apprendre à maîtriser afin de diminuer le risque de mauvaises alliances commerciales. Il s'agit donc pour elles de produire un *modus operandi* des pratiques acceptables et non acceptables qui tiennent compte des cultures juridiques de leurs concurrents ou partenaires. En effet, signer un contrat avec des entreprises anglo-saxonnes, c'est être confronté à une surenchère éthique : les entreprises anglo-saxonnes ont la réputation d'écrire leurs règles du jeu sous la forme de documents de plusieurs centaines de pages. Mais, envisager un partenariat avec des entreprises asiatiques, c'est accepter un protocole d'accord moins démonstratif. En revanche, entrer en affaire avec des entreprises localisées dans des pays de droit latin se traduit par un contrat « intermédiaire », dans lequel la réglementation des échanges n'est pas indiquée. Quant au marché anglais, il est régi par des principes, ce qui laisse aux opérateurs une marge d'appréciation du conflit potentiel. L'intégration de cette logique est d'autant plus cruciale qu'elle peut constituer une arme juridique. En effet, la surenchère formelle offre au plaideur un large éventail de recours tandis que l'implicite rend les pratiques commerciales contestables alors que la juste mesure contractuelle laisse la porte ouverte à de possibles contestations.

Le poids des instances de jugement national

Par leur position stratégique, les médias, en s'appuyant sur les instructions judiciaires, ont rendu visibles les liens occultes qui unissaient certaines grandes entreprises à certains représentants de l'État dans l'obtention d'un contrat commercial. Afin de redorer leur image, écornée par ces accusations, ces entreprises se lancent alors dans la construction d'une opinion publique qui contraste avec celle qui est diffusée dans les journaux. Pour cela, elles n'hésitent pas à solliciter les services d'instituts de sondage ou d'experts en communication pour préparer leurs campagnes publicitaires. C'est ainsi qu'un groupe industriel, prestataire de services, a utilisé le petit écran et la presse pour montrer qu'il changeait ses pratiques.

La communication électronique, par le biais de la page Web, est un moyen efficace de mettre en valeur les nouvelles orientations d'un groupe. Ces orientations apparaissent virtuellement sous les rubriques « charte des valeurs », « code de conduite » ou « comité éthique ». Les entreprises utilisent également une autre forme de diffusion, plus « interne » cette fois, à destination des clients et des visiteurs : il est ainsi possible de consulter, dans le hall d'accueil, des supports déontologiques ou bien des rapports annuels.

Enfin, les dirigeants d'entreprise peuvent servir eux-mêmes de relais par l'annonce dans la presse de l'élaboration d'un code d'éthique, d'un institut de formation éthique pour les cadres, de l'éviction de cadres dirigeants pour manquement aux règles de conduite, du recours à une expertise indépendante chargée de veiller à l'organisation et au respect des règles de conduite.

L'espace de l'offre déontologique se structure ainsi à partir de deux logiques différentes qui renvoient à des modes de production hiérarchisés et à des nécessités historiques particulières.

Pourtant, ces logiques se rejoignent sensiblement, comme on peut le constater dans le cas d'entreprises qui, tout en refusant les « actes de pénitence publique », tiennent à rappeler clairement leur engagement déontologique. L'usage des médias est ainsi au centre de leurs préoccupations. Ces entreprises sont donc confrontées au dilemme suivant :

- *faire connaître par le biais des médias leur stratégie d'investissement déontologique, c'est prendre le risque d'être suspectées de vouloir se « blanchir » de pratiques peu recommandables ;*
- *garder le silence, c'est prendre le risque d'être disqualifiées par rapport à des concurrents qui affichent leur offre déontologique et, en ce sens, apparaissent comme les plus vertueux.*

Ces entreprises doivent alors vivre avec cette ambiguïté, qui explique bien pourquoi le mot « déontologie » est l'objet d'attitudes contradictoires (« *oui, nous avons un code de conduite, mais sa diffusion est interne* ») et pourquoi le flou est volontairement entretenu. Champions nationaux, groupes industriels transnationaux, entreprises en cours d'internationalisation partagent ainsi la gestion d'un souci commun, celui du risque de réputation.

La gestion du risque de réputation

L'accumulation des ressources symboliques participe d'une logique d'investissement, distincte de la maximisation du profit purement matériel, qui est une condition de survie dans un univers où les performances économiques riment avec la confiance. La production, tout autant que la maîtrise de ce capital symbolique, devient ainsi préoccupante pour les entreprises dans un contexte où cette confiance est soumise à des contraintes extérieures. Pour gérer ce risque de réputation, l'entreprise dispose de nombreux « outils », conçus à l'intérieur même de l'entreprise. Ces derniers font écho à la diversité des lieux où est produite l'offre déontologique.

La charte éthique

Comme on l'a vu précédemment, plus les entreprises s'orientent vers le champ économique international, plus elles prennent le risque de réaliser des alliances commerciales avec des opérateurs dont elles n'approuvent pas les pratiques. C'est précisément ce qui est advenu à une entreprise française importante, laquelle a acquis par le jeu des techniques financières des sociétés situées en dehors des frontières nationales. Tant que celle-ci intégrait des salariés et des partenaires dotés de mêmes référents culturels, les investissements de forme ne lui étaient pas nécessaires. En revanche, l'accroissement de ses effectifs à l'échelle de plusieurs continents l'a conduit à réaffirmer, sous la forme concrète d'une charte éthique, son identité nationale.

Un programme d'apurement des pratiques

Les entreprises françaises qui ont renoncé publiquement à la corruption pour obtenir des parts de marchés locaux sont aussi concernées par le risque juridique transnational. En effet, les « actes de pénitence » parus dans la presse hexagonale peuvent conduire à la mise en place, en interne, d'organes déontologiques qui visent, par la création de systèmes de protection, à éviter que des alliances commerciales internationales ne soient reconverties en disputes juridiques et, *a fortiori*, en batailles médiatiques à l'échelle de plusieurs continents. Cette double gestion du risque de réputation concerne en particulier un groupe industriel français, qui s'est ostensiblement engagé à ne plus corrompre après avoir été condamné par la justice. En orientant ses activités, à plus de 50 %, vers des zones géographiques situées hors de France, il tend à diffuser ses résolutions à l'ensemble de ses filiales en apposant ses marques de vertu dans ses relations contractuelles avec ses partenaires ou ses agents commerciaux, dont l'éthique commerciale ne repose pas sur les mêmes règles de conduite.

En revanche, des groupes industriels transnationaux, qui se démarquent de toute publicité éthique, peuvent faire savoir, cette fois-ci, sur le mode d'une communication circonscrite au marché des contrats commerciaux internationaux, que leurs usages ont changé. Contraints de s'adapter à de nouveaux outils juridiques internationaux, sous peine de se voir infliger de lourdes condamnations, ces groupes tendent à organiser la perte de leurs marchés en condamnant ouvertement les concurrents qui continuent à verser des commissions. Par la conformité de leur pratique avec de nouvelles règles déontologiques, ils accumulent « <u>un profit de respectabilité</u> ». Autrement dit, les actes de moralisation ne se traduisent pas seulement par une remise en ordre interne mais aussi par la publication des pertes de marchés. Ce mode d'apurement des pratiques leur confère un crédit de loyauté vis-à-vis d'opérateurs économiques moins enclins à ne plus corrompre, ce qui n'est pas sans exercer d'effet sur la concurrence. Montrés comme des entrepreneurs déloyaux, d'autres groupes industriels tendent alors à reconsidérer leurs propres usages à l'aune des firmes qui affichent leurs vertus commerciales.

Dans l'état de tension qui affecte les sociétés de distribution occidentales, accusées par des associations de consommation et des organisations syndicales européennes de ne pas faire respecter la charte internationale des Droits de l'homme dans leurs unités de production délocalisées, l'absence d'engagement public en faveur du contrôle des conditions de travail des fournisseurs locaux risque, à terme, d'ébranler les fondements symboliques de l'entreprise. Il s'agit alors moins d'ouvrir ses portes aux journalistes que de constituer des alliances respectables et de mettre en œuvre de nouvelles pratiques, notamment des audits sociaux.

Apurer ses pratiques, c'est aussi reconnaître l'état insuffisant des connaissances déontologiques de ses collaborateurs lorsque ceux-ci sont mis en examen par la justice qui les suspecte de pratiques illégales. Pour remédier à ce savoir lacunaire et pour anticiper tout risque de réputation, les entreprises concernées organisent des sessions d'éducation civique conçues par des membres de la direction fonctionnelle (conseiller auprès du président, directeur juridique ou des ressources humaines, secrétaire général). Fondée sur l'apprentissage des règles de conduite propres à l'entreprise et sur l'environnement juridique de celle-ci, la formation continue morale a pour objectif de faire prendre conscience aux cadres dirigeants, aguerris ou fraîchement recrutés, que des pratiques autrefois tolérées par la direction ne le seront plus, et que, de ce fait, la responsabilité de leurs actes leur incombe directement[7].

La cellule de crise

Les conditions de fabrication des produits aussi bien que les prestations de services offerts peuvent être l'objet d'une dénonciation publique, à laquelle certaines entreprises tentent de

---

7. *Cf.* plus loin l'analyse des effets juridiques de la règle déontologique.

répondre en mobilisant une cellule de crise. Lorsque la crise survient, les membres de cette cellule quittent leur état de veille pour mettre en pratique une politique de communication élaborée collectivement avant le conflit, qui oppose par médias interposés leur entreprise à ses clients. En utilisant les mêmes ressources que leurs détracteurs, les membres de cette cellule répondent en quelque sorte à la logique du temps médiatique qui soumet les entreprises de presse à la concurrence pour l'information. Ainsi, la rapidité, la cohérence de l'exécution, la clarté des explications, renvoient aux réflexes attendus chez les journalistes. Il s'agit alors pour les cadres dirigeants de cette cellule d'opposer à la dénonciation médiatique, une vision équilibrée du conflit en redéfinissant les niveaux de responsabilité des parties impliquées par une communication externe à l'attention de la presse.

Le mécénat d'entreprise

En marge de l'entreprise se sont développées en France, depuis les années 1990, avec l'accroissement des licenciements que provoque le processus de restructuration économique, des pratiques de mécénat de la solidarité. Il faudrait réaliser ici une étude systématique de l'histoire de ces pratiques pour montrer plus précisément que les conditions d'engagement d'une entreprise en faveur du mécénat s'expliquent aussi par les dispositions morales de son P-DG (comme l'obédience catholique, par exemple). À cet égard, il est intéressant de mentionner la montée des associations et des fondations créées à l'extérieur de l'entreprise, car elles font partie du paysage de l'offre déontologique et de ses enjeux. Le soutien financier de missions d'insertion atteste de la diversité des moyens auxquels l'entreprise peut recourir pour traduire, dans les faits, ses valeurs et ses règles de conduite professionnelles, autrement dit sa respectabilité.

Ces initiatives, encouragées par les représentants patronaux[8], visent à concilier rentabilité économique et lutte contre l'exclusion. Elles peuvent être le fruit d'une alliance avec un représentant des pouvoirs publics, comme c'est le cas de *FACE*[9] *(créée par Martine Aubry et qui compte parmi ses partenaires fondateurs Darty, Danone, le Club Méditerranée, Casino, Renault, Sodexho Alliance, Axa, la RATP, Euro RSCG World Wide) et de Trait d'union*[10] *(association financée par Auchan, en partenariat avec Orangina, la municipalité et le Conseil général), le fait d'autres entreprises privées*[11] *(l'Institut du mécénat humanitaire d'AXA fédère des entreprises comme la SNCF). Elles peuvent également résulter d'un accord conclu avec les organisations syndicales*[12] *; ainsi, la fondation Agir pour l'Emploi* d'EDF-GDF est née d'une convention signée entre la direction de l'entreprise et les organisations syndicales. Ces pratiques peuvent se développer à l'initiative du dirigeant de l'entreprise[13], telles la fondation d'entreprise UAP, l'association *Trait d'Union*, Carrefour Solidarité ou encore la fondation Vivendi.

---

8. Jean Gandois, élu patron du CNPF, en 1995, nomma Jacques Demagne, vice-président du CNPF et président du Conseil national du commerce, président de la mission « citoyenneté d'entreprise », thème qu'il avait développé lors de sa campagne. Au cours de réunions avec les représentants locaux du patronat, Jacques Demagne se donnait alors pour objectif d'inciter les entrepreneurs à concilier critères de rentabilité et lutte contre l'exclusion : « *Créer et mettre en œuvre tout dispositif permettant d'introduire la citoyenneté dans l'entreprise, la faire adopter par les chefs d'entreprise et l'imposer aux pouvoirs publics et à l'opinion. Il est nécessaire de convaincre la communauté patronale que, au-delà de son premier objectif de rentabilité, l'entreprise ne peut pas limiter son intérêt à des actionnaires, ses salariés ou ses clients et à se désintéresser en les livrant à l'exclusion de tous ceux qui ne trouvent pas d'emploi dans la société contemporaine* », in *Le Monde*, 17 mai 1995.
9. *Liaisons sociales*, n° 85, janvier 1994.
10. *CB News*, 18 septembre 1995.
11. Op. cit.
12. *Le Monde*, 11 février 1995.
13. « Vivendi, la Fondation de l'emploi », in *Le Nouvel Observateur*, 3 / 9 décembre 1998.

De nombreuses entreprises françaises se sont ainsi lancées, directement, en soutenant des associations ou en développant une politique de mécénat, dans des initiatives de réinsertion très variées : entre autres, le soutien scolaire, l'embauche de jeunes diplômés, l'initiation à l'informatique, la création de jardins biologiques, la lutte contre la drogue ou encore l'insertion des handicapés. Ce processus de privatisation de l'offre est aussi une façon d'intégrer les préoccupations d'ordre public dans une logique économique. Par ce processus, les entreprises mettent également en jeu leur image. Si certains responsables de ces missions d'insertion accordent des interviews aux journalistes, c'est pour mieux diffuser l'idée que leurs actions doivent se faire dans la discrétion et valoriser le sentiment d'appartenance des salariés[14]. Toutefois, ces mécènes veillent à s'attirer et à entretenir le « capital de sympathie » de l'entreprise par les rapports de proximité qu'ils entretiennent avec la population locale et les associations qu'ils soutiennent.

La conversion d'une expertise savante en un capital symbolique

Les diverses formes de production de la respectabilité, exposées précédemment, révèlent pourquoi et comment les entreprises acceptent d'entrer dans le jeu de l'offre déontologique. L'enjeu réside dans la gestion du risque de réputation qui porte les entreprises à réaliser des investissements de forme (planning d'apurement, cellule de crise, mécénat, charte éthique) pour se préserver de verdicts éventuels émis par des autorités de régulation exté-

© Éditions d'Organisation

---

14. « Les charmes discrets de la citoyenneté d'entreprise », *in CB News,* 18 septembre 1995.

rieures, des plus légitimes (instances judiciaires ou politiques) aux plus controversées (journalistes et ONG). Mais comment la gestion du risque de réputation peut-elle se transformer en un enjeu professionnel ? Les acteurs qui construisent l'offre déontologique transportent avec eux des histoires personnelles qui constituent autant de manières différentes de s'orienter dans l'espace de l'offre déontologique et contribuent à renforcer les déterminations qui pèsent sur le champ des entreprises.

La protection de la banque : la valorisation du déontologue financier[15]

En raison de la taille croissante et de la diversification des marchés financiers, dues à la mondialisation financière[16], les banques françaises comme leurs homologues, peuvent réaliser des investissements pour le compte d'opérateurs français sur des marchés de droit étranger. Dans le contexte des scandales qui ont affecté des banques françaises et celui de l'harmonisation[17] des règles financières à l'échelle européenne, les contraintes légales touchant les institutions financières ont été renforcées[18] par la promulgation de la loi du 2 juillet 1996. Cette loi vise à moderniser la vie financière par la création d'une autorité de régulation des marchés financiers (CMF), laquelle obligea deux ans plus tard[19] les banques à mettre en place des structures déontologiques.

---

15. *Cf.* Bernard Vibert, déontologue du Crédit Lyonnais, p. **83**.
16. Voir à ce sujet, François Chesnais, *La mondialisation financière,* 1996.
17. La place financière de Londres s'est dotée d'équipes de *compliance* à la fin des années 1980, début 1990, suite aux scandales de délits d'initié.
18. Les lois précédentes étant celles concernant la lutte contre le blanchiment d'argent des 23 décembre 1987, 12 juillet 1990, 29 janvier 1993, 13 mai 1996.
19. Art. 3 du Règlement général du CMF, septembre 1998.

Assortis de sanctions pénales et disciplinaires, les manquements au respect de l'intégrité des établissements financiers confrontent de plus en plus les banques au risque déontologique, c'est-à-dire un risque qui met en jeu l'image de la banque dans le cas où celle-ci se trouve mise en cause publiquement.

Les personnes en charge de la déontologie que nous avons rencontrées travaillent au sein d'établissements transnationaux, d'origine européenne, qui ont la réputation d'être pourvus d'un service de déontologie très structuré. Cet état de fait doit beaucoup à l'orientation de ces institutions, présentes sur les différentes places financières depuis la fin des années 1980. Concurrencées par des opérationnels dotés de structures déontologiques, ces banques ont dû, avant même de voir promulguer la loi de 1998, élaborer des manuels de déontologie pour se mettre en conformité avec les règles des places financières dans lesquelles elles opéraient[20]. En fait, le contexte législatif n'a fait qu'accélérer un processus qui s'était enclenché de façon informelle et, du même coup, a valorisé en interne une nouvelle profession.

Dans la seconde moitié des années 1990, la fonction du déontologue dans les banques est donc ainsi reconnue comme une profession à part entière, à laquelle on accède par la détention d'une carte professionnelle délivrée après l'obtention d'un examen. Le domaine d'intervention du déontologue est très large : il doit veiller au respect de la primauté de l'intérêt du client et de l'intégrité du marché. La défense de l'intérêt du client suppose une gestion appropriée des conflits d'intérêts par la mise en place de « murailles de Chine », tandis que le respect et l'intégrité du mar-

---

20. À cet égard, l'effectif des déontologues de ces banques est plus élevé dans les places financières étrangères qu'en France (moins de dix pour plus de vingt dans les filiales étrangères des banques françaises).

ché visent la prévention du délit d'initié, la détention de manipulation de cours, le respect des règles organisant le fonctionnement des marchés, la lutte contre le blanchiment. Sachant aussi que la déontologie dans les banques ne concerne pas seulement les seuls services en investissement mais aussi les autres activités d'un établissement financier, entre autres, la fonction crédit, le service achat, la distribution des produits ou des services autres que des instruments financiers.

Si les médiateurs financiers ont en commun une mission d'assistance, de conseil et de contrôle des transactions afin de garantir le respect de l'intégrité du marché et, au-delà, la réputation de la banque, les ressources d'un service de déontologie varient cependant d'une institution financière à une autre.

Un profil type

Dans les banques d'origine française, les responsables de la déontologie ont plutôt commencé leur carrière dans les années 1960. Diplômés souvent de l'IEP de Paris, ils ont effectué tout leur parcours au sein de la même banque, notamment dans les services d'inspection, d'audit et à la direction des salles de marchés ou de la gestion de patrimoine. Dans les banques d'investissement les plus tournées vers l'international, les responsables de la déontologie viennent d'horizons qui associent formation juridique (diplômé de la Faculté de droit, titulaire du Capa) ou commerciale (diplômé d'une grande école de commerce) et expérience professionnelle au sein de la Commission des Opérations de Bourse (COB, services contentieux et juridiques), à la société mère de la banque (aux États-Unis, par exemple) ou bien encore au sein d'une banque d'investissement internationale. Arrivés dans la seconde moitié des années 1990, ils se présentent comme des *compliance officer* parce qu'ils associent le déontologue à l'image d'une ancienne fonction dans laquelle ils ne se reconnaissent pas.

Les magistrats : modèle hexagonal de la vertu civique

Le parcours professionnel des magistrats de l'ordre judiciaire qui exercent depuis la seconde moitié des années 1990 dans l'entreprise[21] tend à se caractériser par l'accumulation de leur expertise professionnelle. Celle-ci a été acquise non seulement au cours de l'exercice quotidien du juge (civil ou pénal) mais également lors d'une mise en disponibilité dans des cabinets ministériels ou dans le domaine de la gestion du corps judiciaire, de la réglementation des professions libérales ou encore de la restructuration d'entreprises. Cette double expérience, assortie d'un désir personnel d'exercer leurs compétences par une approche préventive, a rencontré un écho favorable auprès des P-DG français désireux de recourir à l'expertise d'État. Ces magistrats sont recrutés pour des raisons qui tiennent à l'histoire de l'entreprise : rompre avec des pratiques commerciales illicites, renforcer les valeurs de l'entreprise face à la diversification de ses activités ou bien intégrer ces deux paramètres pour créditer son image vis-à-vis des concurrents. Les relations personnelles (le magistrat en question connaissait personnellement un cadre dirigeant de l'entreprise concernée ou avait eu connaissance de l'intérêt que l'entreprise portait à l'expertise juridique au cours d'un déjeuner

---

21. En France, les magistrats qui travaillent dans le secteur financier ou industriel représentent un nombre infime (moins de trente) par rapport à l'effectif total des magistrats de l'ordre judiciaire (6 000). Ce déplacement est loin d'être révélateur d'une « véritable hémorragie des juges financiers » comme le prétend *le Canard Enchaîné* du 2 février 2000. Il constitue en revanche un indicateur remarquable des transformations qui touchent les entreprises françaises.

avec un collègue) ou professionnelles (un chef de cabinet ministériel a recommandé le magistrat auprès de la direction d'une grande entreprise) orientent leur trajectoire vers une entreprise déterminée.

En étant placés hors hiérarchie ou aux côtés du président ou bien nommés « directeur des services juridiques du groupe », ces magistrats valorisent l'éventail de leurs savoir-faire au détriment d'une compétence spécialisée. Ils justifient ainsi leur présence dans l'entreprise par l'apport d'une expertise judiciaire, laquelle, selon leurs dires, ferait défaut au juriste d'entreprise, qu'ils perçoivent comme le spécialiste du droit des contrats. À leurs yeux, celui-ci apparaît peu enclin, du fait de sa formation et des intérêts économiques qu'il défend, à anticiper le risque judiciaire. Les uns assurent une veille juridique (diffusion des législations nationales et européennes sous forme de fiches analytiques ; explication des procédures judiciaires tenues à l'encontre de P-DG d'entreprises) qui sert de guide aux décisions patronales. Les autres diffusent les valeurs de la direction par la rédaction de chartes déontologiques, l'organisation de sessions de formation au droit pénal, la mise en place de systèmes de délégation de responsabilité, afin de faire comprendre aux cadres dirigeants que la maximisation du profit doit rimer avec la bonne réputation du client, que les conditions d'obtention d'un contrat doivent être conformes à des règles de conduite qui reposent sur l'interdiction de conflits d'intérêts. En s'appuyant sur ces magistrats, les entreprises valorisent des savoirs d'État qu'elles appréhendaient par le prisme de procédures pénales dont elles ont parfois été victimes ou qui ont frappé certains de leurs concurrents. Réintégrées dans l'organisation interne de l'entreprise, les pratiques du juge sont reconverties en un capital de vertu civique qui oriente les stratégies commerciales dans le respect de la loi et de la déontologie professionnelle.

Les anciens dirigeants de filiales, nouveaux entrepreneurs de morale

Avec les magistrats de l'ordre judiciaire, on a l'exemple que des professionnels venus d'agences étatiques ont la possibilité de réorienter leur trajectoire en dehors de leur corps d'appartenance par l'importation d'une expertise juridique et judiciaire qui vise à éviter toute atteinte portant à la crédibilité de la direction générale d'un groupe. Mais cette expertise est principalement hexagonale car les ressources de ces magistrats sont le fruit d'une formation acquise à l'École nationale de la magistrature, dans les instances administratives françaises et d'une connaissance des rituels judiciaires tels qu'ils se déroulent dans les instances de jugement national.

Ces professionnels se distinguent de cadres dirigeants qui ont été choisis par leur direction parce que leur carrière est marquée soit par des déplacements fréquents dans les filiales étrangères du groupe, soit par la direction d'une filiale locale du groupe. Ces zones sont perçues par la direction comme des lieux plus risqués que d'autres en raison de leur distance à l'égard des organes centraux de contrôle et, *a fortiori*, du risque de réputation qu'ils peuvent poser. En conséquence, pour remédier aux dérives de comportement sujettes à des sanctions judiciaires ou médiatiques qui peuvent, par ricochet, menacer l'intégrité globale du groupe, ces cadres « filialistes », par leur familiarité avec les pratiques culturelles de ces zones périphériques, réintroduisent dans l'entreprise une façon élargie de concevoir la régulation des conduites.

Ces deux trajectoires professionnelles, celle du juge et celle du dirigeant de filiale, offrent une illustration exemplaire de la manière dont la direction d'un groupe international est portée à valoriser un type spécifique de culture d'entreprise.

Bien qu'un magistrat n'ait pas le même savoir-faire qu'un ingénieur ou un DRH, ces professionnels produisent ensemble le capital symbolique dont les entreprises ont besoin, en reconvertissant leurs pratiques dans des missions qui ne leur étaient pas, *a priori*, destinées. En outre, ces savoir-faire concurrents se rejoignent car, dans certaines entreprises, le magistrat s'appuie sur les connaissances des « filialistes », tandis que ces derniers ont recours aux conseils du magistrat. Ainsi, l'usage d'un carnet national d'adresses institutionnelles, l'expertise juridique et judiciaire dans le cas du magistrat, comme l'apport d'une connaissance opérationnelle de la part du cadre dirigeant de l'entreprise (ingénierie, ressources humaines), acquise par des allers et retours entre le siège social et les filiales de l'entreprise, prennent tous deux de la valeur. **Et cela est favorisé par les tensions internes qui tendent à déplacer le centre de gravité des risques déontologiques de l'entreprise au-delà des frontières nationales et du côté de son environnement proche (la justice et la presse).**

L'intégration du conseil philanthropique par l'entreprise

On vient de voir comment les entreprises mettent en place, à l'intérieur de leurs directions fonctionnelles ou opérationnelles, des mécanismes de protection de leur réputation par l'usage de ressources internes. Toutefois, les entreprises françaises, pour des raisons commerciales et symboliques, tendent aussi à s'ouvrir à une forme d'expertise externe axée sur l'audit social et le conseil en stratégie citoyenne. Cette ouverture coïncide avec la création, en France, de petites structures, à but associatif ou lucratif. Ces structures s'inspirent de pratiques consuméristes anglo-saxonnes qui considèrent l'entreprise comme une force de changement social.

Par exemple, le collectif de *l'éthique sur l'étiquette*, sous l'égide de la Fédération des Artisans du Monde, composé d'une cinquantaine d'associations de solidarité internationale et de délégations syndicales nationales, est membre du mouvement de consommateurs néerlandais Clean Clothes Campaign[22]. Ce mouvement défend les droits des ouvriers des pays en développement par des actions de lobbying et de dénonciation réalisées en Europe auprès des firmes pour lesquelles ces ouvriers, employés par leurs fournisseurs, travaillent. Relais français de ce mouvement, le collectif de *l'éthique sur l'étiquette*[23] a réalisé, dans la seconde moitié des années 1990, une campagne de pétitions auprès des consommateurs, à l'attention de la Fédération française du commerce et de la distribution, invitant ses membres à réfléchir sur les pratiques de leurs fournisseurs non occidentaux. Certains d'entre eux ont été convaincus d'adopter un code de conduite intégrant les principes de la Charte internationale des Droits de l'homme et de recourir à un contrôle indépendant de leurs fournisseurs du Sud. Ce rapprochement a été rendu possible en raison des dénonciations publiques qui ont touché les pratiques des firmes de distribution occidentales, telles que Nike ou Reebok. Ces dénonciations ont

---

22. Sur l'histoire de CCC, on peut consulter *An introduction of the european clean clothes campaign,* www.cleanclothes.org / intro.htm. Né aux Pays-Bas, en 1990, sous l'impulsion d'organisations de consommateurs et de défenseurs des Droits de l'homme, CCC reproche aux grands groupes du textile et de la chaussure de sport de ne pas tenir compte des conditions de production dans lesquelles sont fabriqués leurs articles. Pour appuyer ses revendications, ce mouvement a créé un code de conduite sur la base des normes de l'Organisation Internationale du Travail, qu'il tend à promouvoir auprès des consommateurs par des campagnes de sensibilisation dans les écoles. Les firmes visées ne sont pas tenues à l'écart, puisque CCC a organisé en 1998 *The international Forum on Clean Clothes,* à Bruxelles, au cours duquel les principaux groupes de l'industrie vestimentaire (Adidas, C & A, H & M, Lévi Strauss, Nike et Otto Versand) ont été interrogés par les consommateurs sur leurs pratiques.

23. On peut consulter à ce sujet la brochure du collectif « Faites gagner les Droits de l'homme », disponible au siège de la Fédération des Artisans du Monde, ainsi que son site : www.crc-conso.com/etic.

affecté, par ricochet, la réputation de leurs homologues européennes.

En outre, cela coïncide avec le déplacement des sociétés de distribution vers un espace international, à l'intérieur duquel celles-ci sont confrontées à des formes de régulations commerciales qui ne respectent pas la Charte internationale des Droits de l'homme. Ainsi, Auchan[24] a adopté un code de conduite à la fin de 1997 qui engage ses fournisseurs à respecter les Droits de l'homme et a fait réaliser des audits sociaux par des experts internationaux[25] que des consultants[26], proches du collectif, ont examiné. De son côté, Carrefour[27] a élaboré une charte éthique appliquée au travers d'audits[28] menés en collaboration avec la Fédération internationale des Droits de l'homme, dont la section française est membre du collectif. C'est aussi par des actions médiatiques que ce collectif tente de convertir l'opinion publique au bien-fondé de sa démarche : celui-ci a ainsi rendu public[29] un classement des sociétés de distribution les plus concernées par leur campagne, dont le but est de valoriser les entreprises qui ont entamé une démarche pour vérifier la qualité sociale des produits qu'ils distribuent. Dans la continuité des actions de ce collectif dont ils sont mem-

---

24. *Les Échos,* 12-13 septembre 1997. *Le Monde,* 2 juin 1999.
25. Spécialisés dans l'audit des produits de consommation vendus par des groupes de distribution, ces experts travaillent dans les filiales anglaises et asiatiques d'une société d'expertise transnationale d'origine suisse accréditée SA 8000, du nom de la norme sociale créée par le *Council on economic priorities,* association américaine, dont il est une agence de vérification agréée. Entretiens réalisés auprès de cadres dirigeants de sociétés de distribution.
26. Entretiens réalisés auprès de ces consultants, membres d'associations de Droits de l'homme et anciens militants d'associations de solidarité internationale.
27. *Les Échos,* 12-13 septembre 1997. *Le Monde,* 2 juin 1999.
28. Entretien réalisé auprès d'un cadre dirigeant de la société de distribution.
29. Dans la rubrique « Carnet de notes » de son site Web. Dans les médias nationaux : *Le Monde,* 22 mai 2000 ; *Le Parisien,* 18 mai 2000 ; *Télérama,* 31 mai 2000 ; *l'Humanité,* 02 février 2000. Dans la presse locale : *Ouest France,* 22 mai 2000, *L'éclair* et *Presse Océan,* 19 mai 2000.

bres, les représentants français de Max Havelaar[30], du nom de l'association néerlandaise qui défend les intérêts des coopératives de petits producteurs des pays en développement en les mettant en contact avec des importateurs européens qui respectent leurs conditions de travail, tentent d'imposer auprès des sociétés de distribution leur label. C'est ainsi que Monoprix[31], par le biais de sa direction du développement commercial, valorise depuis l'année 2000 la vente d'un café de la marque Max Havelaar. Cet exemple a été suivi depuis par bien d'autres entreprises dans le cadre de la promotion de ce qu'il est convenu d'appeler aujourd'hui le « commerce équitable ».

---

30. Séminaire ICAD, 23-24 mai 2000.

31. Séminaire ICAD, 23-24 mai 2000. On a pu constater pratiquement comment Monoprix adhère à la stratégie commerciale de l'association et comment l'association par ce produit se fait connaître. Dans sa gamme de produits biologiques, certifiés par un label reconnu par les pouvoirs publics (AB), Monoprix commercialise un café moulu provenant d'Amérique centrale, dont l'association *Max Havelaar* garantit le mode de production. Ainsi peut-on lire sur l'emballage : « *En achetant ce café, vous contribuez à des échanges commerciaux plus équitables et donc à l'amélioration des conditions de vie des petits producteurs d'Amérique centrale* ». L'association *Max Havelaar France* certifie que ce café de qualité est acheté directement à des groupements de petits producteurs à des prix plus élevés que les cours mondiaux, après un préfinancement partiel des récoltes.

Le déontologue financier[32]

Par Bernard VIBERT, déontologue du groupe Crédit Lyonnais

À l'heure où les questions d'éthique et de déontologie prennent une place croissante dans la communication des groupes industriels et commerciaux, il est intéressant d'examiner les parallélismes ou les divergences par rapport aux évolutions observées dans le monde financier. À ce titre, plusieurs constats peuvent être faits immédiatement :

- les questions d'éthique se posent en termes assez différents entre l'industrie et la finance. Si l'éthique, pour l'industrie, est liée en premier ressort à des problèmes de respect de l'environnement ou de pénibilité physique du travail, ces domaines ne concernent la finance qu'à un degré limité. Inversement, les métiers de l'argent peuvent générer des « tentations » et imposent une déontologie et des contrôles efficaces, mais d'autant plus difficiles à réaliser que la structure de production (réseaux d'agences et relation directe client / conseiller commercial) est très décentralisée et que les opérations de marché deviennent de plus en plus complexes ;

- pour toutes ces raisons, la déontologie existe depuis toujours dans les banques, car leur développement repose d'abord sur la confiance de leurs clients et le respect d'un cadre déontologique bien identifié. Mais elle se « professionnalise » et devient de plus en plus structurée et technique.

La déontologie vue par les financiers

Le secteur bancaire définit la déontologie comme « *le respect de règles de bonne conduite applicables par l'Établissement et par ses collaborateurs, en matière de comportement professionnel et personnel, dictées par le respect d'obligations légales ou réglementaires, ou par les principes d'éthique auxquels on entend se conformer* ».

---

32. Compte rendu de l'intervention devant la commission de l'ORSE le 23 mai 2001.

Ces règles déontologiques ont été codifiées bien avant que la vague actuelle de l'éthique n'atteigne l'ensemble du monde économique, dans la seconde moitié des années 1990. Du fait de la complexité croissante des produits et des marchés, mais aussi sous la pression du consumérisme et des pouvoirs publics, les banques ont constitué, dès les années 1980, des corps de doctrine couvrant les domaines éthiques (respect des lois, respect des personnes, relations avec les fournisseurs, ...) ou déontologiques (comportement vis-à-vis de la clientèle ou des marchés, encadrement des opérations personnelles des collaborateurs « sensibles »). La fonction déontologique s'est identifiée par rapport aux fonctions juridiques, de contrôle interne et d'audit ou par rapport aux notions de gouvernement d'entreprise et s'est structurée. La déontologie, ainsi délimitée, s'est démarquée de la notion d'éthique, plus subjective et objet de débats d'opinion auxquels des réponses permanentes et unanimes ne peuvent pas toujours être apportées.

Les règles déontologiques se sont développées et codifiées sous forme de réglementations, de plus en plus volumineuses, techniques et contraignantes, sous l'impulsion des « régulateurs » nationaux ; pour la France, Commission des Opérations de Bourse (COB) puis Conseil des Marchés Financiers (CMF). En 1993, la Commission européenne intervenait de manière significative dans le processus réglementaire relatif à la déontologie financière avec la promulgation de la première Directive européenne sur les Services d'investissement.

En 2001, la volonté de la commission de créer un espace financier européen la conduit à élargir à toute l'Europe le modèle de règles de bonne conduite pratiqué au Royaume-Uni : toutes les activités financières sont progressivement couvertes par des codes de conduite, de plus en plus détaillés, dont l'application est contrôlée de façon rigoureuse par des *compliance officers*.

Les grands principes de la déontologie financière

Au-delà des obligations fondamentales de compétence et d'intégrité, et quelle que soit la façon dont les grands principes de déontologie financière sont exprimés dans les pays ou dans les groupes financiers, ils peuvent être regroupés en quatre volets : intérêt des clients, intégrité des marchés, sécurité des transactions, connaissance des clients, ...

La prise en compte des intérêts des clients

La nature même de l'activité d'une grande banque la conduit à être confrontée à des situations de conflits d'intérêts qui peuvent apparaître sous différentes formes : soit, le plus souvent, entre un client et la banque elle-même, soit entre deux clients en position de concurrence sur une même opération, soit entre la banque et un de ses collaborateurs. Les conflits d'intérêts doivent pouvoir être identifiés de façon précoce et des mesures mises en place pour assurer une équité de traitement entre les intérêts des différentes parties. Parmi ces mesures, figurent notamment des restrictions de circulation interne d'informations connues sous le nom de « Murailles de Chine ».

La fourniture d'une information exacte et adaptée à la situation individuelle de chaque client constitue une autre obligation déontologique, codifiée également, destinée à assurer la transparence requise, notamment sur la compréhension des risques d'une opération ou sur les frais et commissions.

L'intégrité des marchés

Disposant de nombreuses informations sur les opérations transmises aux marchés et intervenant pour leur compte propre, les intermédiaires financiers pourraient être tentés d'exploiter cette situation à leur profit au détriment des acteurs du marché, voire en se plaçant en situation de délit d'initié. Le respect des règles de marché est un aspect fondamental et très technique de la déontologie financière.

La sécurité des transactions

Mandataire de son client et dépositaire de ses avoirs, la banque est tenue de mettre en œuvre les moyens destinés à en assurer la protection et le respect du secret professionnel.

La connaissance des clients

Tenues d'évaluer, de façon de plus en plus contraignante, la compétence de leurs clients en matière d'investissements et d'intervenir dans la lutte contre le blanchiment, la fraude financière ou le terrorisme, les banques doivent pouvoir connaître et comprendre les activités financières de leurs clients afin de leur apporter la qualité de service qu'ils en attendent et de pouvoir détecter d'éventuels comportements délictueux.

La mise en place de procédures permettant de satisfaire à ces obligations de bonne conduite, la formation des personnels et la coordination des contrôles ont entraîné la constitution de postes spécialisés de déontologues (*compliance officers,* dans les pays anglo-saxons).

La mise en œuvre dans les banques en France

Les règles de bonne conduite

Pour toutes les activités de marché, les règles de bonne conduite ont été codifiées, en 1998, par le Conseil des Marchés Financiers (CMF), de façon très pédagogique. Les Titres II et III de son *Règlement général* définissent des obligations pour les intermédiaires financiers :

- présence obligatoire d'un déontologue, existence de règles déontologiques connues et appliquées par le personnel ;
- organisation assurant la séparation des activités pouvant générer des conflits d'intérêts par des « murailles de Chine » ;
- surveillance des transactions sur instruments financiers effec-

tuées pour compte propre, afin de respecter l'obligation de transparence du marché ou l'exploitation d'informations privilégiées ;

- présence de règles déontologiques couvrant les opérations traitées par la banque (notamment le respect du secret professionnel), les opérations particulières de son personnel sur instruments financiers, les situations de conflit d'intérêts, etc. ;
- informations fournies aux clients modulées en fonction de l'évaluation de leur compétence professionnelle ;
- respect de l'intégrité des marchés ;
- respect de règles spécifiques à certaines activités (ex : offres publiques).

Rôle et situation du déontologue

Les missions du déontologue ont également été définies avec précision par l'article 3-1-3 du *Règlement général* du CMF :

- identifier les dispositions déontologiques nécessaires au respect des règles de bonne conduite ;
- établir un recueil des dispositions que doivent observer l'intermédiaire et ses collaborateurs ;

- diffuser ces textes auprès du personnel ;

- contrôler le respect des règles et la mise en œuvre de mesures en cas de manquement ;

- réaliser des missions d'assistance et d'orientation indépendamment des contrôles.

La situation du déontologue dans l'organisation et son rattachement font également l'objet de précisions destinées à doter la fonction de l'autorité et des moyens nécessaires (article 3-1-4) :

- il agit de façon indépendante par rapport aux structures à l'égard desquelles il exerce ses missions ;

- lorsque la taille et les activités de l'Établissement le justifient, il n'exerce pas d'autre mission. Il est titulaire d'une carte professionnelle délivrée par le CMF après examen ;

- il rend compte de l'exercice de ses missions à l'organe exécutif. L'organe délibérant est tenu informé par l'organe exécutif de sa désignation et du compte rendu de ses travaux ;

- son activité est retracée dans un rapport transmis chaque année à l'organe exécutif ainsi qu'au CMF.

Les domaines réglementés

Les domaines de l'activité bancaire couverts par des réglementations déontologiques sont de plus en plus étendus. Le CMF supervise l'ensemble des activités de réception, transmission et exécution d'ordres sur instruments financiers, sur marchés réglementés ou de gré à gré, ainsi que la compensation et la tenue de compte-conservation. Il suit également les services « connexes », comme la gestion de patrimoine, le conseil aux entreprises en matière de structure de capital ou de fusions / acquisitions, le change. La COB, quant à elle, couvre toutes les activités liées à l'appel public à l'épargne, vis-à-vis des émetteurs, des intermédiaires ou des investisseurs particuliers ou institutionnels. Elle supervise également le fonctionnement des sociétés de gestion d'OPCVM, incluant les FCPE et les FCPI.

Une part considérable de l'activité des grands groupes bancaires est ainsi soumise à la réglementation de la COB ou du CMF. Par souci de cohérence, et pour respecter les autres textes en vigueur (démarchage financier, assurances, surendettement, …), les établissements bancaires confient de plus en plus à leurs déontologues le suivi de l'ensemble de leurs activités.

La situation en Europe

La présence de *compliance officers*, homologues des déontologues, dans toutes les activités financières est beaucoup plus ancienne et formalisée dans les pays anglo-saxons qu'en Europe continentale. La fonction y est très structurée, avec des effectifs importants, et sa légitimité bien établie.

La fonction du *compliance officer* britannique se distingue de celle de son collègue français sur plusieurs points :

- le cadre réglementaire est beaucoup plus détaillé, notamment depuis l'unification des organes de tutelle en un organisme unique, le *Financial Services Authority* (FSA), qui assure la supervision complète, notamment prudentielle, de tous les établissements du secteur financier ;

- le formalisme des obligations est très rigoureux et porte sur des points essentiellement techniques. Il relègue au second plan les notions générales d'éthique pour le *compliance officer* britannique ;

- les obligations de contrôle par le *compliance officer* sont également formalisées et lui assi-

gnent des tâches dévolues en France aux secteurs opérationnels ou aux contrôleurs / audits internes ;

- le *compliance officer*, plus encore que le déontologue en France, est personnellement responsable du respect de la réglementation du FSA. Il est tenu de signaler tout manquement notable de la part de son Établissement ou de la part d'un de ses clients. À défaut, il s'expose à des sanctions lourdes, notamment la perte définitive de sa carte professionnelle, qui lui interdirait de pratiquer son métier.

Le printemps 2001 a été marqué par une intense activité des régulateurs, et une dizaine de consultations étaient en cours au niveau français ou européen. Parmi les principales d'entre elles, on peut mentionner :

- une harmonisation européenne des règles de bonne conduite (article 11 de la DSI), lancée par le CESR, *Committee of European Securities Regulators* (précédemment le FESCO) ;

- la révision en profondeur de la DSI de 1993 et l'élargissement des activités qu'elle couvrait ;

- un projet de directive sur les « abus de marché », manipulations de marchés ou délits d'initiés ;

- des textes français sur les prospectus d'émission par la COB, ou l'analyse financière par le CMF.

Tous les nouveaux textes se situent clairement dans une perspective d'harmonisation européenne et présentent une analogie certaine avec les règles déjà mises en place par le FSA britannique.

Définir clairement les responsabilités du déontologue

Comme on l'a vu, la prise en charge des questions relatives à la déontologie et, d'une façon plus large, aux règles de *compliance* et de responsabilité sociétale, doit conduire les dirigeants d'entreprise à définir clairement les responsabilités et les procédures. Il nous semble que, dans les grandes entreprises, un responsable principal en charge de ces questions devrait être désigné, et devrait se voir attribuer les fonctions suivantes :

- *superviser, le cas échéant, le lancement de la réflexion et de la démarche déontologique ;*
- *veiller à la bonne application du dispositif déontologique et des dispositions prises pour sa mise en œuvre ;*
- *informer et former le management et les personnels sur ces questions ;*
- *être un interprète des situations rencontrées par et pour l'entreprise (ce qu'elle doit faire en cas de dilemme déontologique) ;*
- *savoir être écouté des salariés de l'entreprise et savoir en être le* privacy officer, *soucieux du nécessaire équilibre entre les obligations professionnelles et la vie personnelle de chacun. En un mot, savoir être pour tous un référent ;*
- *avoir en charge le recueil des manquements, des interrogations et des risques de nature déontologique ;*
- *avoir une fonction de veille et d'alerte sur des situations particulières ou sur des difficultés d'application du dispositif déontologique comme de ses évolutions souhaitables. Sa fonction de* reporting *est essentielle ;*
- *se voir reconnaître un pouvoir d'enquête en faisant appel, si possible, aux corps d'inspection et de contrôle de l'entreprise.*

> *Pour lui permettre de conserver son rôle de médiation en cas de conflits déontologiques, il est souhaitable qu'il ne procède pas lui-même à ces enquêtes ;*
> * *contribuer, par son avis, à la prise de décision, mais il ne lui appartient pas en revanche de sanctionner, sous peine de perdre son pouvoir de médiation.*

Comme on peut le voir, la position du déontologue se situe à la confluence des fonctions juridiques, de gestion du personnel, d'audit et de communication. C'est pourquoi l'entreprise doit lui donner les moyens de favoriser la rencontre des directions, au plan de la déontologie de la firme et de sa *corporate responsibility*. Cependant, chaque directeur opérationnel doit rester en charge de l'application et du respect par tous les collaborateurs des règles déontologiques, de comportement et de *compliance*.

Le statut du déontologue : légitimité et consensus

En tant qu'expert et garant de la prise en compte par l'entreprise de sa responsabilité sociétale, le déontologue doit en toute logique occuper un niveau élevé dans la hiérarchie de l'entreprise. Même s'il n'existe pas de modèle d'organisation type, une désignation doit être privilégiée auprès du *board* ou du Comité exécutif. Auprès d'eux le déontologue doit jouer le rôle à la fois d'expert et de garant de la supervision des risques sociétaux de l'entreprise.

Mais, compte tenu de la spécificité et de la complexité de ses attributions, son statut doit être clairement précisé. **Le déontologue tire en effet sa légitimité, non seulement d'une expertise reconnue mais aussi d'un consensus sur sa personne.** C'est pourquoi il paraît très souhaitable de **renforcer la légitimité du**

déontologue en associant directement les partenaires sociaux et les représentants du personnel à sa désignation. Chaque entreprise doit naturellement rester libre de définir les modalités de cette association. En effet, si l'expertise du déontologue peut être fondée sur une forte expérience préalable de juriste, de gestionnaire des ressources humaines, de responsable de filiales ou de magistrat, elle se révèlera toujours insuffisante, si elle n'est pas confortée par un consensus sur sa personne.

Mise en place d'un réseau de vigilance déontologique

De même, lorsqu'on décide de mettre en place, au sein d'un groupe industriel et commercial, un « réseau de *compliance* ou de vigilance déontologique » (*cf.* « Déontologie et management »), un soin particulier doit-il être apporté à la désignation des responsables qui vont le constituer et l'animer. Encore une fois, le **statut de quasi-indépendance** des membres de ce réseau doit être garanti dans les conditions décrites ci-dessus et les nominations doivent faire l'objet d'un large accord sur les personnes que le management ou le *board* envisagent de nommer.

Partie III

La déontologie dans l'entreprise : ce qui va changer

7

La déontologie transforme le dialogue social

L'implication des partenaires sociaux dans la démarche déontologique est évidente. Elle peut être subie et indirecte quand la mise en place du processus les conduit à s'interroger, au titre du mandat qu'ils ont dans l'entreprise, sur l'éventuelle compatibilité des nouvelles dispositions avec les règles sociales d'ordre public ou internes à l'entreprise (*cf.* l'analyse des effets juridiques de la charte, p. 131). En tout cas, la mise en place d'un tel processus ne peut les laisser indifférents.

La mise en place peut être directe quand tel ou tel aspect du corpus déontologique prend, par exemple, la forme d'une annexe au règlement intérieur. Elle ne peut pas non plus les laisser indifférents quand l'outil déontologique devient outil du management et qu'on envisage de donner une forme contraignante au dispositif et qu'on a décidé de sanctionner au plan disciplinaire les manquements observés.

95

L'implication directe et volontaire doit être privilégiée, tant il est vrai que la réussite d'une telle démarche dépend de l'adhésion de toutes les parties prenantes au sein de l'entreprise. Pourtant, et c'est plus particulièrement le cas de la France, la question embarrasse nombre de partenaires sociaux, tant ce processus semble étranger au cadre habituel des problématiques syndicales et, d'une façon générale, au champ du dialogue social dans l'entreprise et hors de l'entreprise. Il n'existe pas, semble-t-il, de position officielle sur ces questions ou de position véritablement publique. De ce point de vue, la prise de conscience de leurs responsabilités sociétales par les entreprises et leur volonté d'y faire face n'a pas encore eu, en France, la réponse qu'elle mérite de la part des responsables syndicaux, soit qu'ils s'en méfient, soit qu'ils n'y voient pas encore assez clair et que leur position, de ce fait, tarde à être arrêtée.

Cette sévère constatation est caractéristique de la situation française, car, comme l'a exposé Mme Véronia Nilsson[1], elle doit être plus nuancée au plan européen ou anglo-saxon. Nombreux sont en effet les exemples d'engagements syndicaux forts outre-Atlantique ou dans le nord de l'Europe.

C'est pourquoi il faut se féliciter de ce que la CGT, la CFDT, FO et la CFE-CGC aient accepté que quatre de leurs représentants fassent part de l'avis de leur confédération sur ces questions[2] et que deux d'entre eux (les représentants de la CGT et de la CGC) aient pu participer à la réunion publique de la commission consacrée à l'analyse des relations entre déontologie et dialogue social. La lecture de leurs contributions montre combien, par-delà les divergences d'analyse et la diversité des attentes

---

1. Mme Véronia Nilsson est conseiller au TUAC (Trade Union Associations Committee).
2. La synthèse de ces entretiens figure ci-après.

exprimées, la possibilité d'avancées significatives est désormais grande en France.

Il faut donc souhaiter que leur exemple conduise à s'engager plus ouvertement dans un débat dont la récente prise en compte par le MEDEF témoigne qu'il est devenu une donnée forte et incontournable de la réalité des entreprises.

La reconnaissance internationale des principes sociaux

D'autant que de nombreuses instances internationales, qu'elles soient gouvernementales ou syndicales, ont formulé et formulent des propositions dans le domaine social à l'attention du secteur privé.

Édicter des normes de conduite

Au niveau des instances gouvernementales, la prise de conscience de la situation se traduit par une réflexion approfondie sur l'établissement de normes sociales. Ainsi, l'Organisation Internationale du Travail (OIT) et l'OCDE ont édicté des normes de conduite à l'attention des gouvernements et des entreprises. La Déclaration de l'OIT, relative aux principes et aux droits fondamentaux au travail, a été adoptée en juin 1998 par la Conférence internationale du Travail. Cet instrument incite les gouvernements et les entreprises à respecter, à promouvoir et à réaliser :

- *la liberté d'association et la reconnaissance effective du droit de négociation ;*
- *l'élimination de toute forme de travail forcé ou obligatoire ;*
- *l'abolition effective du travail des enfants ;*

- *l'élimination de la discrimination en matière d'emploi et de profession.*

Plus récemment, la Déclaration des principes tripartite concernant les entreprises multinationales et la politique sociale, adoptée par l'OCDE en novembre 2000, préconise aux gouvernements et aux entreprises de favoriser la promotion et la sécurité de l'emploi, la formation, des conditions de travail et de vie satisfaisantes, la liberté syndicale et le droit d'organisation, la négociation collective, de prévoir des consultations régulières sur des questions d'intérêt mutuel.

Protéger les salariés

Les Principes directeurs de l'OCDE représentent certes des recommandations formulées à l'attention des entreprises. En ce sens, ils ne se substituent pas au droit existant ; au contraire, ils expriment les valeurs que partagent les gouvernements des pays qui sont source de la plupart des flux d'investissement directs et dont la majorité des entreprises multinationales proviennent. Les Principes directeurs de l'OCDE englobent de nombreux thèmes, comme la publication d'information, l'environnement, la lutte contre la corruption, les intérêts des consommateurs, la science et la technologie, la concurrence et la fiscalité. Ils couvrent plus particulièrement tout ce qui a trait à l'emploi et aux relations professionnelles, en s'appuyant sur les travaux de l'OIT. Par exemple, dans le cadre des lois et règlements applicables et des pratiques en vigueur en matière d'emploi et de relations de travail, les principes directeurs préconisent aux entreprises de respecter le droit de représentation des salariés, d'abolir le travail des enfants, d'éliminer toute forme de travail forcé ou obligatoire, de promouvoir l'égalité des chances en matière d'emploi en évitant toute pratique discriminatoire, de faciliter la communication entre les employeurs, les salariés et leurs représentants sur les conditions d'emploi quand celles-ci peuvent être menacées par des plans de restructuration.

Les organisations syndicales exercent leur droit de vigilance

La production de dispositifs déontologiques par les instances gouvernementales et les entreprises n'a pas laissé les organisations syndicales indifférentes. La Confédération Internationale des Syndicats Libres[3] (CISL) promeut la négociation d'accords entre employeurs et organisations syndicales et le contrôle indépendant de l'application des codes de conduite par des syndicats ou organismes qui ne sont pas redevables à l'entreprise concernée. Pour faciliter les négociations, la CISL a mis au point le « code CISL-SPI ». Ce code demande aux entreprises de reconnaître leurs responsabilités envers tous les travailleurs impliqués dans la production de leur marque, qu'ils soient directement employés par elles ou qu'ils travaillent pour des sous-traitants ou des fournisseurs. Il reprend par ailleurs les conventions clés de l'OIT. Le TUAC (Commission syndicale consultative auprès de l'organisation de coopération et de développement économique) milite pour que les entreprises associent davantage les organisations syndicales à l'édiction des codes de conduites, afin que celles-ci s'assurent de la bonne application des principes relatifs aux droits fondamentaux du travail.

---

3.   On peut consulter le site : http // www. icftu.org.

Les confédérations syndicales françaises sur la réserve

Pourtant, ainsi que l'étude l'a révélé, la position syndicale française reste encore marquée par la prudence. Les confédérations interrogées ont exprimé de visibles réticences à l'égard d'un processus déontologique qui serait intégralement initié par l'entreprise et dans l'entreprise. Leurs différents points de vue sont exprimés ci-après.

Force Ouvrière : de sérieuses réserves [4]

Frédérique Dupuy, assistante confédérale

Force Ouvrière (FO) émet de sérieuses réserves quant à l'apparition des outils déontologiques dans les entreprises parce que ceux-ci se fondent sur une conception anglo-saxonne des relations de travail ; et cette conception est fondée sur une référence à la morale, en l'absence de législation du travail ou de conventions collectives. Expression de la *soft law,* la charte et le code de conduite renvoient à des normes peu contraignantes qui favorisent la flexibilité du travail. En cela, la position de FO fait écho au débat qui se déroule au sein des instances internationales, comme l'OIT ou l'OCDE.

Pour FO, la régulation des relations de travail par les codes de conduite ne doit pas être considérée comme une alternative à la responsabilité des gouvernements et être utilisée par les entreprises pour éviter la négociation collective. Les entreprises ne sauraient se substituer au législateur, seul garant de l'intérêt général. Il faut éviter une privatisation du droit par les entreprises ou les travailleurs.

Toutefois, les codes de conduite peuvent être un instrument de la défense des intérêts des salariés, s'ils reprennent au minimum la législation nationale, les normes fondamentales de l'OIT et les principes directeurs de l'OCDE, s'ils sont adoptés de façon concertée avec les représentants des travailleurs et, dès lors, que ceux-ci s'accompagnent de l'engagement des gouvernements à les faire respecter.

FO refuse qu'une compagnie privée, comme l'AFNOR, intervienne dans le contenu des codes de conduite. Les compagnies privées ne peuvent être considérées comme responsables de la définition et du respect des droits des travailleurs. FO dénonce la concentration des pouvoirs privés au détriment de la démocratie et rappelle l'impor-

---

4. Intervention du 4 juillet 2001.

101

tance du rôle des États dans la garantie des travailleurs.

En ce qui concerne la mise en application de ces chartes, la confédération se prononce pour un contrôle paritaire et un contrôle de l'inspection du travail. Elle rappelle par ailleurs l'exis-tence du point de contact natio-nal qui assure le suivi de l'application des principes direc-teurs de l'OCDE. FO souhaiterait que soit confié à l'OIT un rôle de régulateur dans la distribution des labels sociaux aux entrepri-ses.

CGT : l'éthique n'a pas de valeur juridique[5]

Luis MANJON, délégué confédéral et membre du Conseil économique et social

Pour la Confédération Générale du Travail (CGT), l'éthique n'a pas de valeur juridique car elle n'appartient pas au Droit du travail. En outre, l'éthique renvoie au mode de comportement individuel et, en ce sens, se distingue de l'ensemble des règles qui définissent la condition des travailleurs salariés et gouvernent le fonctionnement de l'entreprise.

La charte, qui fait écho à l'éthique, s'interpose alors aux différents accords et instruments juridiques qui encadrent d'ores et déjà les relations sociales à l'intérieur de l'entreprise (règlement intérieur, contrat de travail, etc.) tout autant que les métiers de l'entreprise. Dès lors la CGT s'interroge : peut-on licencier quelqu'un pour un conflit d'ordre éthique ? À quoi sert une charte ? À qui s'adresse-t-elle ? Quels éléments met-on dans une charte ?

Pour la CGT, la charte doit être dissociée du contrat de travail.

Plus précisément, la signature de la charte ne doit pas être liée à celle du contrat de travail. Toutefois, la charte pourrait être discutée avec le comité d'entreprise dans les mêmes conditions que le règlement intérieur. Selon la CGT, la charte pourrait être un élément de défense du salarié, si elle intégrait des modes de régulation issus des pratiques professionnelles. En effet, dans ce cas, la charte renverrait à la notion d'éthique professionnelle.

Ainsi, dans une charte, la notion de droit de retrait, qui s'applique actuellement à la mise en danger de la santé physique du salarié, devrait être élargie à celle de la santé morale. Étant donné que la charte doit servir les intérêts professionnels des salariés, la CGT s'oppose à la prescription de dispositions d'ordre privé les concernant, car elles ne relèvent pas du code du travail, selon la confédération.

---

5. Intervention du 4 juillet 2001.

En conséquence, si la charte est transgressée, l'entreprise ne peut pas invoquer le Droit du travail en tant que tel. De même, le comité d'entreprise ne peut pas être sollicité, car il ne lui incombe pas de jouer le rôle de la police des mœurs. En revanche, si un conflit d'éthique professionnelle se posait, il serait nécessaire de mobiliser les partenaires sociaux au sein d'un organe paritaire, créé à cet effet et qui fonctionnerait alors comme une instance d'arbitrage. Mais cette instance ne se placerait pas dans la perspective d'un comité européen ou mondial. En effet, le débat autour d'un conflit d'éthique professionnelle doit associer, à parts égales, des représentants de la direction et des syndicats propres à chaque entité économique, la société mère ou ses filiales.

CFDT : pour une charte concertée[6]

Pierre David LABANI, secrétaire confédéral

La Confédération Française du Travail (CFDT) est favorable à l'émergence de codes de conduite dans les entreprises car celles-ci sont mises en situation de s'engager sur des outils de valorisation qui ne reflètent pas uniquement les processus de fabrication ou la définition du poste des salariés. Paradoxalement, ces nouveaux outils ne font pas l'objet d'une négociation avec les partenaires sociaux, alors qu'ils impliquent le plus souvent la responsabilité sociale de l'entreprise et son éthique. Or, le dialogue social n'est-il pas un indicateur concret de la responsabilité sociale de l'entreprise ?

La charte devrait être l'enjeu d'une négociation avec les partenaires sociaux. Dans ce cadre, son contenu devrait tenir compte de leurs attentes. Par exemple, la charte doit au moins faire écho à la Déclaration de l'OIT (1998) et se nourrir des débats européens sur la qualité de l'emploi dans les entreprises, c'est-à-dire aborder les questions relatives à la rémunération, au contrat de travail et aux conditions de travail.

En ce qui concerne l'aspect contraignant de la charte, la CFDT n'a pas de position tranchée car elle considère que, en fin de compte, la définition de la déontologie varie d'une entreprise à l'autre, d'autant plus lorsqu'elle touche des groupes aux activités très diversifiées et possédant de multiples filiales. Partant de là, l'obligation du respect du code de déontologie pourrait faire l'objet d'une négociation. Ainsi, l'éventualité d'un licenciement ne relèverait plus uniquement d'une prise de décision unilatérale de l'employeur. L'idée d'annexer la charte au règlement intérieur ou au contrat de travail reste cependant à discuter.

Quant au statut des personnes qui ont en charge les questions de déontologie ou de régularité dans l'entreprise, la CFDT n'est pas hostile à la fonction du déontologue.

© Éditions d'Organisation

6. Intervention du 4 juillet 2001.

Toutefois, sa place, ses attributions ainsi que son indépendance restent floues : comment concevoir cette fonction sans qu'elle soit perçue comme le paravent d'une démarche commerciale ou un outil de communication sociale ? Comment le déontologue peut-il être associé aux décisions de l'entreprise ? Doit-il être membre du Conseil d'administration ou être proche des directions opérationnelles ? Comment peut-il garder son indépendance, c'est-à-dire porter un jugement critique sur la conduite de l'entreprise, s'il est désigné par le management ?

C'est pourquoi les questions de déontologie devraient faire l'objet d'une certification réalisée par des professionnels extérieurs à l'entreprise. Par exemple, celle-ci pourrait faire partie des missions de l'inspecteur du travail. Dans le cas où un cadre dirigeant de l'entreprise se verrait attribuer la responsabilité de la déontologie, ses décisions seraient le résultat d'une concertation avec les cadres dirigeants des départements clés de l'entreprise (DRH, etc.), de manière à « irriguer » toute la structure de l'entreprise. En effet, il n'est pas envisageable que le déontologue émette un simple avis consultatif et soit isolé des autres fonctions opérationnelles.

CGC : pour une charte d'entreprise[7]

Claude CAMBUS, vice-président délégué

La Confédération Générale des Cadres (CGC) relève le caractère novateur de la charte par rapport au règlement intérieur. Toutefois, la définition des obligations des salariés reste floue. En effet, si le règlement intérieur constitue un instrument de régulation professionnelle adapté à la situation de subordination du salarié et comportant les obligations qui s'imposent à celui-ci, la charte tend à bouleverser les liens qui unissaient jusque-là les salariés à la direction. La charte marque le point de passage d'un lien de subordination à celui de la responsabilité individuelle, qui doit caractériser la relation entre le salarié et l'entreprise dans « la société de la connaissance et de l'innovation » et dans l'entreprise « socialement responsable ». Par conséquent, elle révèle un déséquilibre des relations sociales dans l'entreprise.

Dans ce cadre, le risque viendrait de l'utilisation de la charte comme une contrainte patronale sur les salariés. Toutefois, parce que la charte s'inscrit dans une nouvelle phase de régulation des rapports sociaux, la CGC s'interroge sur l'apport de cet outil pour les salariés. Afin que la charte soit inscrite dans la convergence d'une logique commune servant aux intérêts de l'entreprise et du personnel, la CGC y verrait un instrument de communication interne conçu sur le modèle du « gagnant gagnant ».

Si la charte peut constituer un moyen pour l'entreprise de fédérer les salariés autour d'un « sens commun maison », elle doit inclure cependant des engagements forts en ce qui concerne la politique sociale de l'entreprise. Par exemple, la charte doit mentionner clairement les engagements relatifs à l'employabilité des salariés, afin de mettre en exergue les meilleurs pratiques de l'entreprise dans le domaine de la valorisation du capital professionnel du personnel (formation, reclassement, etc.).

---

7. Intervention du 4 juillet 2001.

Dans le même temps, la charte doit concerner les comportements du salarié, c'est-à-dire qu'elle pourrait également contenir des engagements en matière de sécurité pour que l'entreprise s'oblige à prendre toutes les dispositions protectrices nécessaires, etc. En outre, l'une des vertus de la charte serait de rappeler aux salariés que leurs pratiques s'insèrent dans le respect des législations nationales.

En ce qui concerne la gestion des conflits d'ordre éthique, la CGC est favorable à la création d'une commission déontologique dans l'entreprise ou le groupe. Cette création soulève le problème du rattachement d'une telle commission : doit-elle être rattachée au comité d'entreprise européen, par exemple, ce qui revaloriserait le pouvoir de cet organe ? Ce dernier jouerait alors le rôle d'arbitre.

Constats et propositions

D'après ces témoignages, il est clair que les confédérations syndicales françaises hésitent encore à se prononcer clairement sur la novation que constitue l'apparition de chartes ou de codes de conduite dans les entreprises. Leur principale crainte paraît être celle d'un affaiblissement conséquent du droit du travail et de la validité des instruments de ce droit (contrat individuel, règlement intérieur, etc.). De ce point de vue, la position française semble en retrait par rapport à celle qui prévaut dans les grands pays développés ou encouragée par les organisations syndicales européennes (par exemple, TUAC).

Il en résulte donc une appréciation très variable, par les organisations syndicales, des finalités comme des modalités d'élaboration et d'application de ces chartes dans l'entreprise. Leur seul point commun est sans doute le sentiment que la charte doit être d'abord un outil de défense des salariés. Mais en même temps que s'expriment ces réticences, les organisations syndicales reconnaissent les enjeux d'un tel processus et y mettent les conditions visant à l'encadrer. Ce sera, comme on l'a vu :

- *pour certains, un socle minimum qui correspond, schématiquement, à l'addition du droit national, des principes directeurs de l'OCDE et des normes de l'OIT ;*
- *pour d'autres, le renvoi à la déontologie professionnelle, c'est-à-dire celle des métiers, jugée protectrice des salariés, et la reconnaissance d'un « droit de retrait moral » aux salariés, à l'instar du droit de retrait en matière de sécurité ;*
- *pour tous, l'affirmation qu'il ne peut pas y avoir de charte sans consultation, ni négociation avec les partenaires sociaux dans l'entreprise.*

La charte : une concertation entre les différents partenaires

La charte ou le code de déontologie ne doivent pas résulter d'une approche unilatérale qui émanerait du seul management et de la seule volonté de la hiérarchie. Elle doit naître d'une concertation au sein de l'entreprise avec les représentants du dialogue social afin de provoquer de réels effets de mobilisation et de dynamisation. De ce point de vue, il ne faut pas mésestimer les difficultés que peut rencontrer le management dans les entreprises multinationales, où il reste encore à imaginer des structures de dialogue adaptées et où se pose la question du niveau optimal de ce type de discussion.

Un échange « gagnant gagnant » ?

En revanche, la charte ne peut pas être uniquement, comme le souhaiteraient les organisations syndicales, un outil de défense des intérêts des salariés. Elle doit au contraire favoriser, dans le cadre de l'exercice de leurs activités, le passage de la subordination des salariés à un vrai statut de responsabilité individuelle, au plan des règles déontologiques, du respect des règlements (*compliance*) et du souci du respect d'un développement durable pour l'entreprise. Elle peut donc être le vecteur d'une réelle émancipation, et chaque salarié doit se sentir porteur de cette responsabilité.

Mais, comme l'expriment clairement les organisations syndicales, la mise en place de la charte doit alors s'analyser comme un moyen et un moment important du renforcement des rapports sociaux au sein de l'entreprise, notamment dans les cas de réorganisation, de croissance externe ou de fusion. Elle doit aussi

© Éditions d'Organisation

permettre la définition d'engagements sociaux forts (meilleure employabilité des salariés, sécurité, etc.), contrepartie de l'acceptation par les salariés de leur nouvelle responsabilité sociétale. La charte peut donc être l'occasion d'un échange « gagnant gagnant ».

Des conditions d'application déterminantes

Enfin, les conditions d'application de la charte dans l'entreprise sont déterminantes. À cet égard, la façon dont sont réglés les conflits éthiques ou déontologiques est significative. C'est pourquoi, même si aucun modèle particulier ne semble s'imposer aujourd'hui, le suivi de l'application de la charte doit nécessairement se faire de façon concertée, éventuellement paritaire, au niveau le plus élevé de l'entreprise ou du groupe. Il paraît souhaitable également que ce suivi de l'application donne lieu à un débat périodique, probablement annuel, structuré autour de questions thématiques examinées, s'il en existe un, par le comité de groupe. À l'inverse, les conflits ou manquements individuels doivent pouvoir trouver un règlement local faisant appel aux responsables de ces questions (déontologue et / ou membres du réseau de vigilance, voir p. 90).

8

La déontologie transforme le management

Concevoir que la démarche déontologique participe du management de l'entreprise et que la charte ou le code peuvent être de puissants outils de gestion est une idée récente.

Prétendre que d'objectif, l'approche éthique du *business* peut devenir composante forte de la stratégie à long terme de l'entreprise passe encore pour irréaliste.

Pourtant, nombre des meilleures entreprises françaises ont franchi le pas et considèrent désormais qu'il faut gérer autrement et se donner l'ambition de concilier les points de vue, souvent antagonistes, du *shareholder* et du *stakeholder*.

La déontologie peut-elle devenir l'un des outils du management, en permettant une forte articulation des objectifs du fonctionnement de l'entreprise et des aspirations de ses équipes ? L'existence d'un corpus déontologique ou de *compliance* est-il utile à la recherche d'unité pour des groupes internationaux géographiquement éclatés et professionnellement divers ?

Véritable pont entre le centre et les périphéries de l'entreprise, la démarche déontologique sauvegarde l'essentiel, semble-t-il, en permettant les plus fortes déconcentrations de responsabilité et la plus large autonomie de gestion.

De ce point de vue, les libéraux des années 1960 ont sans doute eu tort de soutenir la thèse de l'amoralité de l'entreprise, gage de son efficience économique. **C'est au contraire parce qu'il existe une morale de l'entreprise et dans le management de l'entreprise, que de nouveaux succès capitalistes sont possibles.**

Les principaux constats

La déontologie : outil de gestion de l'entreprise

L'approche de cette gestion déontologique revêt à la fois un aspect interne et un aspect externe. L'aspect interne concerne les relations entre la direction et ses collaborateurs. Les chartes déontologiques permettent d'intégrer et de matérialiser une dimension nouvelle, celle de l'éthique dans l'attente, les attitudes et les comportements des dirigeants et de l'ensemble des collaborateurs. **Quasi-contrat psychologique** entre le management et l'ensemble des collaborateurs, les chartes constituent ainsi un moyen important de mobilisation des équipes au sein de l'entreprise. Véritable « plus » de l'entreprise, le respect d'une certaine éthique comportementale devient un facteur fort de fidélisation des collaborateurs, d'où leur place de plus en plus importante dans la politique des ressources humaines.

L'aspect externe, quant à lui, touche à la définition des relations de l'entreprise avec l'environnement et aussi aux règles de comportement des collaborateurs avec les clients, les fournisseurs et, d'une façon générale, les *stakeholders*.

La déontologie : composante de la stratégie des entreprises

Mais la déontologie peut aller bien au-delà d'un outil de gestion interne ou externe pour devenir une composante de la stratégie des entreprises. En effet, celles-ci prennent conscience qu'elles doivent désormais gérer autrement, c'est-à-dire avec un souci sur le long terme des conséquences de leurs actions et décisions tant à l'égard des consommateurs que de l'environnement social ou sociétal. Ainsi tend à se développer la théorie du management dit « tête haute », c'est-à-dire fier de ses projets qu'inspire une vision prospective d'un développement harmonieux. La charte exprime alors la façon qu'a l'entreprise d'être et de se sentir comptable de sa responsabilité aux yeux de la société.

Manager la relation entre le centre et la périphérie

La mise en place de ces outils déontologiques s'avère très utile chaque fois que la volonté de concilier le besoin de décentraliser activités et responsabilités et de conforter, en même temps, la coordination du groupe et l'unité de l'entreprise est exprimée.

Les outils déontologiques se révèlent être alors un moyen efficace de manager la relation entre le centre et la périphérie. Non seulement créateurs d'une culture commune fédérative, ils sont d'autant plus indispensables que l'entreprise a externalisé ses activités et est confrontée à des univers multiculturels et réglementés à plusieurs niveaux.

Vigilance et compliance

De plus en plus, les groupes multinationaux devraient créer de véritables réseaux de « vigilance » et de *compliance*. Ces réseaux symbolisent d'abord fortement la volonté nouvelle de l'entreprise de se développer dans le respect de ses responsabilités sociétales et / ou de la déontologie de ses métiers. Ils constituent ensuite un puissant moyen de diffusion des *best practices* de l'entreprise, quel que soit l'éloignement de ses centres opérationnels ou la diversité des cultures et des métiers. Enfin, ils sont le moyen d'assurer le *reporting* efficace des risques sociétaux encourus par l'entreprise et de manager les difficultés d'explication et de résoudre les conflits observés. Il convient d'ailleurs de noter que de tels réseaux peuvent constituer un point d'appui efficace pour établir un véritable rapport de développement durable, notamment celui prévu par la loi sur les Nouvelles Régulations Économiques (NRE).

Les chartes déontologiques au service du recrutement...

Pour l'entreprise, sa réputation déontologique est un facteur d'attraction et suscite souvent de nombreuses candidatures spontanées. Mais, lors de l'entretien d'embauche, elle doit aussi s'assurer que le futur salarié est bien conscient des valeurs et des objectifs promus par l'entreprise. Aussi, en matière de recrutement, la charte est-elle à la fois un facteur d'attraction et de sélection.

... et de l'évaluation des cadres supérieurs

De même, dans le management interne des ressources humaines, la charte est-elle **le moyen pour l'entreprise de s'assurer que le comportement de sa chaîne hiérarchique reste cohérent avec les règles déontologiques qu'elle s'est données.** Le respect **des valeurs** peut même devenir un critère, parmi d'autres, de **promotion interne** et de **reconnaissance** et **devrait systématiquement être abordé à l'occasion des entretiens annuels d'évaluation,** notamment des « cadres à haut potentiel ».

Il est donc nécessaire d'encourager l'adéquation entre la culture déontologique de l'entreprise et les attentes des candidats ainsi que celle des salariés, soit à l'embauche, soit dans le parcours professionnel. C'est ainsi aller dans le sens des souhaits exprimés par les nouvelles générations, comme l'ont démontré clairement plusieurs sondages. En revanche, il faut éviter toute dérive qui conduirait l'entreprise à mettre en place, sous une forme ou une autre, des tests « éthiques » ou des questionnements qui seraient indirectement attentatoires à la vie personnelle ou privée.

La déontologie, outil de management ?[1]

Jacques ROJOT, professeur en sciences de gestion à l'Université Paris I

« La morale, science du bien et du mal, permet de dégager une éthique qui est art de diriger sa conduite, son comportement, qui s'exprime dans des principes guidant les aspects professionnels : la déontologie. »

Après cette rapide définition de la déontologie, avant même de tenter de répondre à l'interrogation, « l'éthique peut-elle être un outil de gestion ? », un constat s'impose. En tout état de cause, l'éthique est devenue une préoccupation incontournable pour les dirigeants d'entreprise.

L'éthique dans l'entreprise

Si Milton Friedman, en 1962, pouvait écrire, dans une approbation quasi générale en sciences de gestion, *« qu'il existe peu de courants plus dangereux pour les fondements mêmes de notre société libre que l'acceptation par les dirigeants d'entreprise d'une conception de la responsabilité*

sociale autre que de servir du mieux possible les intérêts de leurs actionnaires », cette époque est bien révolue.

En témoignage de l'impact des aspects éthiques dans la gestion de l'entreprise, il suffit de lister les têtes de chapitre du *Livre vert* que la Commission européenne a consacré, en 2001, à la responsabilité sociale des entreprises. Aux thèmes classiques, comme la gestion des ressources humaines, l'hygiène et la sécurité, l'adaptation au changement viennent s'ajouter la gestion des ressources naturelles et des impacts environnementaux, les effets induits sur les communautés locales, les fournisseurs, les partenaires en affaires, les consommateurs et même les Droits de l'homme et le développement durable. Si l'on nous permet ici un anglicisme, le passage du *stockholder* au *stakeholder* est consacré.

---

1. Intervention du 24 octobre 2001.

© Éditions d'Organisation

Éthique et gestion

Si le lien entre éthique et gestion paraît indiscutable, deux conceptions différentes, sinon opposées, de leurs relations sont possibles. Dans un cas, il est constaté une nouvelle demande sociale émergente et multiforme autour du comportement éthique. Il s'agit alors d'y répondre.

Pour faire face à cet environnement, il convient cependant d'utiliser des mécanismes assez similaires aux modes traditionnels de réponse, mais en tenant compte de nouvelles contraintes. Il s'agit toujours de répondre à des contraintes externes, même si elles sont différentes de ce qui était connu. Les entreprises vont s'efforcer alors d'élaborer ensemble, avec les nouveaux constituants, des règles nouvelles.

Dans une conception toute différente, il va s'agir d'une contrainte interne. Il se produit alors une évolution du capitalisme par intégration des aspirations nouvelles, et il en résulte une prise de conscience de la nécessité de gérer autrement. L'éthique va devoir devenir un outil de la gestion.

La gestion au cœur du système

Dans les deux cas, la gestion est concernée, mais pas de la même façon. D'une part, il s'agira surtout d'ajouter des outils à la panoplie du dirigeant, tels les *Global Compliance Programs,* les placements éthiques, le recours aux agences de *rating* sociétal, les normes et les codes externes et internes et leur modes d'application, avec les choix concernant le rôle des ONG, l'intégration de programmes de développement durable, parmi de nombreux autres.

L'adoption de ces outils, dans la plupart des cas active et de bonne foi, suffira sans doute à limiter, à ses yeux, la responsabilité nouvelle que la société a placée sur l'entreprise, sur le mode de la protection que représentent les *Sentencing Guidelines* aux États-Unis. Pour le reste, elle considérera qu'elle n'est pas concernée.

L'éthique au cœur des relations entre parties prenantes

L'autre conception cherchera, plus en profondeur, à intégrer une dimension éthique dans les attentes, attitudes et comportements tant des directions que des collaborateurs. On va alors chercher à se rapprocher de l'équité. Il faudra agir non plus en suivant la lettre de la règle, mais d'après un sentiment intime de droiture naturelle, d'après des principes considérés comme naturels par opposition à ce qui est légal.

Cette distinction se croise d'ailleurs avec deux autres dimensions. Dans les deux cas, il y aura un volet interne, qui concerne les relations entre direction et collaborateurs, et un volet externe qui concerne les relations entre entreprise et environnement et qui demande de s'assurer du caractère éthique des comportements des collaborateurs vis-à-vis de tous.

Les relations entre direction et salariés

La première approche semble, *a priori*, nécessaire mais sans doute insuffisante. On peut la résumer dans le courant des *Business Ethics,* développé depuis quelque temps outre-Atlantique. Or, après nombre d'années, il n'est pas évident que « *ethics pays* », c'est-à-dire que cette conception restreinte de l'éthique en gestion, soit en soi-même source de rentabilité. C'est peut-être le cas à long terme.

Mais dans un monde compétitif, mouvant et corrompu, les pressions du court terme poussent sans doute très fort vers l'adoption des pratiques de l'industrie et du pays d'accueil, quel qu'il soit.

De plus, elle est peu opérationnelle, sauf pour les cas les plus simples. Les codes de règles ont leurs limites, que l'on atteint très rapidement dès que l'on quitte les cas simples.

Entreprise et environnement

Or, la plupart des questions qui se posent ne sont pas des problèmes mais des dilemmes à aspects paradoxaux, où une règle d'action n'est que de peu de secours, car en raison des circonstances du moment, du lieu, du temps de l'action, la réponse éthique n'a rien d'évident. Faut-il licencier immédiatement un groupe de personnes de plus de cinquante ans et les condamner virtuellement au chômage et parfois à la misère jusqu'à la retraite, ou les garder et risquer de compromettre le sort d'une petite entreprise, et l'emploi de tous ? Faut-il continuer à externaliser le coût du recrutement sur le système éducatif et condamner à l'exclusion des catégories entières de jeunes ? Il est certainement mal de voler ... mais un tribunal d'un État en voie de développement a jugé que, pour justifier un licenciement, un vol devait être d'une gravité et avoir eu lieu dans des circonstances telles qu'il était devenu passible de la peine de mort, qui, dans l'état du marché de l'emploi local, en était la conséquence quasi inévitable.

L'éthique peut-elle être un outil de gestion ?

Les deux approches doivent être, en fait, combinées. En tenant pour acquise l'augmentation de la panoplie des outils, la question est alors double. D'une part, comment rendre compatibles éthique et gestion, c'est-à-dire l'éthique peut-elle être un outil de gestion ? D'autre part, comment dépasser le niveau de la panoplie d'outils ?

Sur le premier point, deux pistes s'ouvrent. D'une part, l'apprentissage d'un comportement éthique pourrait constituer un outil qui concilie les besoins de décentralisation et coordination. À l'origine, cet impératif constituait le problème de base de l'entreprise multinationale, déchirée entre les exigences des pays hôtes, notamment en termes de recrutement local, et celle de l'avantage compétitif d'un centre de décision

unique. Il s'étend maintenant à toutes les entreprises avec la turbulence de l'environnement, les besoins de flexibilité et les modes d'organisation en *Business Units*. Ici, l'apprentissage d'une série de principes et de valeurs abstraits, non de règles concrètes et précises, guidé par l'exemple concret d'une jurisprudence de mise en œuvre, par parcours de postes fléchés, assure prévisibilité et stabilité des décisions de ceux qui l'ont suivi. Ces principes sont tels, ainsi, que l'individu, de lui-même, en situation de responsabilité, se comportera selon ces principes. Ils n'auront, cependant, de force suffisante que s'ils constituent une éthique.

La seconde piste est mise en évidence par un récent et passionnant sondage conçu par l'Institut de l'Entreprise auprès d'un très large échantillon de jeunes cadres. Il met notamment en évidence que, comme il fallait s'y attendre pour une génération familière avec les restructurations et le chômage, expérimenté directement ou par un membre de la famille, le vieil engagement réciproque à vie avec l'entreprise échangeant loyauté absolue contre garantie de l'emploi, perspectives de carrière et octroi d'un statut, a bien disparu. Il n'a cependant pas laissé la place à un monde de mercenaires. Il est remplacé par un « contrat psychologique » bilatéral, souhaité clair et lisible où, sur une durée assez courte, une réciprocité des prestations, matérielles et immatérielles, est attendue par le jeune cadre. Les « valeurs » affichées par l'entreprise et son dirigeant, surtout la façon dont elles sont vécues en interne, en constituent un élément caractéristique, leur application conditionnant notamment le maintien du contrat. L'éthique trouve ici sa place comme élément significatif du contrat et comme moyen d'attirer et de garder les meilleurs.

Dépasser les outils

Sur le second point, que faire pour pallier l'insuffisance de l'approche par les règles ? Il convient de trouver des moyens d'assurer la prise en compte de l'éthique, au cas par cas, par le décideur. Là aussi une piste s'ouvre : celle des garanties procédurales qui peuvent entourer une décision et obliger à ce que ses aspects éthiques aient été au moins pesés. On en reconnaît généralement sept aspects : que ceux qui sont l'objet de la décision aient pu présenter leur cas, qu'il ait été pris en considération, qu'ils aient pu avoir une influence ; que le traitement du cas ait été conforme à l'habitude dans des situations semblables ; qu'il n'ait pas eu lieu avec légèreté, indifférence, insensibilité, moquerie, que la dignité et le sentiment de valeur propre de ceux concernés ait été pris en compte ; que l'effort d'impartialité, d'honnêteté, d'absence de discrimination soit évident ; qu'il y ait eu un effort suffisant pour rassembler assez d'informations, suffisamment complètes, nombreuses, précises pour former une sérieuse base de décision, sans éléments secrets ou implicites ; que le cas ait été traité publiquement, en transparence ; qu'il existe une possibilité de recours, de modification, quelle que puisse en être l'issue.

Déontologie
et ressources humaines[2]

François MANCY, président de l'Association Nationale des Directeurs et Cadres
de la fonction Personnel (ANDCP)

La multiplication des démarches de déontologie est tout à fait légitime parce que ces démarches ont pour objet de combler les lacunes de la normalisation étatique ou inter-étatique. En cela, la critique que certains juristes portent à l'égard de la production de chartes et de codes de conduite, voyant en celle-ci une forme régressive de détermination de la règle de droit, expression d'un « droit mou », n'est pas toujours justifiée. Au contraire, la démarche d'autorégulation des entreprises est source de progrès.

L'analyse du contenu des chartes

L'analyse des résultats de deux analyses de contenus de chartes menées, l'une par l'OIT (1998) sur 215 codes, et l'autre par l'Investor Responsability Research Center subventionné par la Fondation Ford, permet plusieurs constats.

Le contenu de ces codes reste très général sur la discrimination et ne renvoie pas systématiquement à la convention n° 111 de l'OIT relative à ce thème.

En ce qui concerne la liberté syndicale ou la négociation collective, 15 % des codes y font référence et, pour certains, sous des formes qui ne correspondent pas à l'idée continentale de ces notions.

La liberté syndicale en question

À travers trois exemples extraits de codes de conduite de sociétés nord-américaines, nous voyons que la liberté syndicale ne va pas de soi, comme cela peut l'être en Europe :

« La politique de l'entreprise est de faire en sorte que les salariés ne ressentent pas le besoin d'être représentés par un syndicat ou autre tierce partie. Si les salariés choisissent - ou sont tenus par la loi - de se faire représenter par un

---

2. Intervention du 24 octobre 2001.

syndicat, Caterpillar s'attachera à construire une saine relation entre la direction et le syndicat. » (Caterpillar, *Code of worldwide business conduct and operation principles*)

« *La société n'encourage pas le personnel à se faire représenter par des syndicats, sauf si la loi ou la tradition l'exige. Elle estime que les salariés sont les mieux placés pour parler directement de leurs problèmes à la direction.* » (Sara Lee, *Knit products-International operating principles*)

« *La direction encourage, par des moyens légaux, les salariés à continuer à ne pas se faire représenter par un syndicat, mais dans les cas où ils ont choisi de le faire, elle traitera de bonne foi avec le syndicat.* » (Du Pont (de Nemours ?), *Labour relation policies and principles*)

En fait, la création d'un syndicat dans les sociétés américaines dépend de deux paramètres :

- celui-ci doit faire l'objet d'un vote favorable de la moitié du personnel de l'entreprise ;
- l'employeur a le droit d'intervenir pour s'opposer à l'implantation de ce type d'instance dans l'entreprise.

Les exemples de Caterpillar, de Du Pont (de Nemours ?) et de Sara Lee sont particulièrement éclairants des difficultés auxquelles peuvent être confrontés les DRH de groupes multinationaux dans la gestion déontologique d'une politique sociale. L'appréhension de la liberté syndicale varie en effet selon le contexte juridique et culturel où intervient la multinationale.

Cependant, les engagements pris dans les codes doivent être compatibles avec la réglementation ou la législation nationale des pays où ceux-ci sont censés s'appliquer. Par ailleurs, si les codes relèvent encore le plus souvent d'actes unilatéraux de l'employeur, cet état de fait devrait évoluer.

Des initiatives européennes

La charte sociale et éthique d'Air France a été signée, le 25 juin 2001, entre la direction, les syndicats représentés au comité de groupe européen et la confédération européenne des syndicats représentée par la Fédération européenne des travailleurs du transport. Si le président d'Air France a indiqué qu'il prendrait un engagement unilatéral afin d'appliquer ce texte aux pays d'implantation d'Air France, situés en dehors de l'Union européenne, le suivi de l'application de la charte est délégué au

© Éditions d'Organisation

comité de groupe européen. Au sein de la multinationale Telefonica, un nouveau code de conduite a été signé entre le président de la multinationale espagnole, le secrétaire général de l'Union Network International, en présence du directeur général du Bureau International du Travail (BIT).

Au regard de ces initiatives européennes, les codes et les chartes pourront devenir des outils du dialogue social. On verra ainsi coexister des initiatives unilatérales des entreprises et des pratiques de négociation, d'information ou de consultation des représentants du personnel.

Le rôle d'un réseau de vigilance[3]

Sylvie d'ARVISENET, *compliance officer,* Vivendi Universal

La mise en œuvre de la démarche déontologique dans une structure polymorphe et multinationale s'avère complexe. Ainsi, Vivendi Universal compte plus de 300 000 salariés répartis dans plus de soixante-dix pays et se caractérise par une forte implantation hors d'Europe et aux États-Unis. Cette diversité de salariés s'accompagne d'une hétérogénéité des pôles d'activité dont les structures varient en fonction de la nature de l'activité, tout autant que de l'histoire et de leur implantation géographique.

Une démarche délicate

Dans ce contexte, le groupe est confronté à une pluralité d'approches éthiques, ce qui rend la démarche déontologique délicate, car elle doit concilier la spécificité de chaque métier avec les éléments fédérateurs du groupe. Ainsi, l'expression déontologique d'un groupe international doit trouver ses lignes d'arbitrage entre ce qui relève d'éléments fédérateurs et ce qui relève de la déontologie professionnelle de chaque métier, à la fois de ses ambitions et de ses priorités. Au plan déontologique, les ambitions et les priorités des métiers de l'environnement sont diverses : à la fois distribuer des produits de première nécessité alimentaire, comme l'eau, et gérer cette distribution à travers les contrats passés avec des collectivités publiques pour le compte d'usagers qui ne sont pas les clients directs.

La problématique déontologique des entreprises de communication, comme Cegetel, est tout autre. Il s'agit de gérer rigoureusement l'absolue neutralité, l'absolue confidentialité de l'information qui circule. La problématique éthique et spécifique des métiers de la diffusion de contenu met en question l'éthique de ces contenus. Pour Universal Music, Universal Studio, Canal⁺, l'édition, c'est la limite de ce que l'on diffuse, où est l'obligation d'information de ceux qui nous liront, nous regarderont, entendront ?

---

3. Intervention du 24 octobre 2001.

Ce sont là des problématiques bien spécifiques. Si la déontologie a son mot à dire, c'est la déontologie des métiers qui a d'abord son mot à dire.

La mise en place de la démarche

En l'an 2000, une charte des valeurs, expression des éléments fédérateurs du groupe, a constitué le point de départ de l'organisation en interne de la démarche déontologique. Cette charte des valeurs rappelle l'importance de l'éthique pour le groupe :

« Nous respectons scrupuleusement les valeurs éthiques de Vivendi Universal en nous engageant à agir avec probité dans toutes les situations, à respecter la légalité, à respecter les droits individuels des salariés, à protéger la confidentialité, à subordonner la recherche de la performance économique au respect de l'éthique commerciale, à protéger les biens et les ressources du groupe, à être respectueux de l'environnement. »

La conclusion porte sur le respect de cette éthique qui est l'une des conditions d'appartenance au groupe. »

La mise en place d'un programme de vigilance

C'est à partir de ce document fondateur que le groupe a engagé la mise en place d'un programme de vigilance, éclairé notamment par l'approche américaine et très légaliste du groupe Seagram, lequel fait désormais partie du groupe Vivendi.

Tout d'abord, il est bon de rappeler les différences significatives qui opposent les États-Unis et la France dans la prise en compte des démarches déontologiques des entreprises par les autorités judiciaires. C'est pourquoi il serait souhaitable d'engager une réflexion sur la responsabilité pénale des personnes morales en France.

Aux États-Unis, les programmes sont très légalistes, car il s'agit clairement d'un mécanisme d'autorégulation destiné à prévenir et à détecter les risques de fraude et les risques de délits pénaux. Ces programmes sont pris en compte par les autorités judiciaires, qui s'assurent au préalable de leur efficacité. Ils sont pris en compte dans des conditions assez significatives, puisque certains *attorneys* se sont fait l'écho de la possibilité de

127

réduction d'amendes pouvant atteindre jusqu'à 90 % du montant de l'amende encourue… Mais les juridictions américaines ne se laissent pas influencer par la lecture de belles déclarations et de beaux engagements. Toutefois, ces codes de conduite, ces éléments de régulation de l'entreprise sont pris en tant que tel dans l'appréciation de la responsabilité de l'entreprise, ce qui est complètement ignoré, en France, des pouvoirs publics et de l'autorité judiciaire.

En France, *a contrario,* lorsqu'on a inventé la responsabilité pénale des personnes morales, on n'a même pas pensé à la manière dont cette responsabilité pénale allait être appréciée. C'est si vrai que le texte relatif qui doit guider le juge dans cette appréciation, dit : « *Le juge tient compte pour apprécier le montant de la peine, des circonstances de l'infraction et de la personnalité du prévenu.* » La personnalité d'une entreprise ? C'est pousser un peu loin l'anthropomorphisme ! Il serait temps de revoir cette approche de la responsabilité pénale des personnes morales, de leur rôle de prévention, de leur rôle dans la détection de ses risques.

Vigilance et *compliance*

Éclairé ainsi par l'approche américaine, le programme de vigilance mis en œuvre chez Vivendi est très proche d'un programme de *compliance*.

Précisément, il s'agit de rappeler à l'ensemble du personnel du groupe, un certain nombre de normes qui sont le plus souvent connectées, référencées, à une norme juridique ou para-juridique, nationale ou internationale. À cet égard, il serait erroné de croire que la démarche déontologique puisse se soustraire aux systèmes juridiques qui environnent l'entreprise. La difficulté pour un groupe international est précisément de parvenir à articuler des approches éthiques antinomiques : entre autres, la discrimination au travail, révélatrice de conceptions juridiques qui peuvent opposer les États-Unis et la France notamment.

Lorsqu'on parle des droits individuels des salariés, inévitablement en termes de règles de conduite, on dira « pas de discrimination » et surtout « pas de discrimination fondée sur l'âge ou le sexe ». Les Américains répondront : « *Pas de discrimination ? Alors, soyez concret et précis, dites il faut des quotas* ». Les Français répondront : « *Si nous faisons des quotas, nous serons précisément des discriminateurs* ». Ce sont là des problèmes de culture, des problèmes d'éthique.

Au-delà des disparités juridiques, le programme de vigilance du groupe aborde, dans une première partie, un ensemble de règles de conduite déclinées à partir de la charte des valeurs. Ce volet a été conçu comme un outil pédagogique destiné à donner des points de repère à l'ensemble des salariés du groupe, afin de guider leurs comportements dans des univers juridiques différenciés. L'un des principes forts du groupe est le principe de conformité au droit local en cas de conflits.

Structures et procédures de suivi

Au-delà des règles de conduite proprement dites, le programme de vigilance comporte une deuxième partie, qui renvoie à la définition des structures et des procédures de suivi permettant de mettre en place ce programme dans tous les métiers du groupe, afin de s'assurer de sa bonne application par l'ensemble des collaborateurs. La mise en œuvre de ce programme de vigilance s'articule autour de deux composantes principales : les responsables du programme de vigilance, la mise en œuvre d'un système de *reporting*.

Les responsables du programme de vigilance

Ils sont présents dans chacun des métiers du groupe ainsi que dans chacune des principales filiales. Ces responsables ont plusieurs objectifs :

- se constituer en un réseau qui couvre toutes les sociétés du groupe ;
- être proches des *Business Units* pour qu'ils puissent connaître les législations applicables et en cela être en mesure de traiter les problèmes de conflits entre ces législations et les règles de conduite ;
- être suffisamment proches de ces unités pour être accessibles et sollicités par les collaborateurs qui le souhaiteraient, parce que leur rôle est d'abord un rôle de conseil et d'avis ;
- être positionnés à un niveau assez élevé dans la hiérarchie pour exprimer l'implication de la direction générale et disposer ainsi de l'autorité nécessaire pour mettre en œuvre des moyens d'action indispensables et bénéficier de la

collaboration des directions fonctionnelles (ressources humaines, d'audit, juridique, de la communication) ;

- étendre leur rôle à celui d'un *Privacy Officer,* chargé de veiller au respect de la vie privée des salariés, face à l'importance d'Internet dans l'entreprise.

Le système de reporting

La mise en place d'un système de *reporting* se fait en plusieurs étapes :
- rapport annuel d'activité ;
- signalement des dérives et des *best practices* sur un mode plus informel ;
- mise en commun par la voie électronique de ce qui mérite d'être retenu et porté à la connaissance des salariés du groupe.

© Éditions d'Organisation

9

La charte et le droit dans l'entreprise

La relation de la déontologie et du droit est complexe, ambiguë et controversée. Pour les uns, la déontologie n'a pas d'effets juridiques, sinon celui qu'elle emprunte à la règle de droit en la copiant ou en l'imitant. Prenons un exemple : le principe d'exécution « de bonne foi » des engagements souscrits, principe éminemment déontologique, est d'abord l'un des grands principes posé par le droit civil. Dans cette perspective, l'effet juridique de la charte ne peut être qu'un « effet d'emprunt ». Cet effet sera même renforcé quand la charte aura pour support l'un des instruments juridiques classiques du droit du travail : le règlement intérieur dont la charte deviendra une annexe ou le contrat de travail individuel du salarié qui en reprendra les principales dispositions.

Pour d'autres, la déontologie porte en elle un dispositif *sui generis* de quasi-droit dont le qualificatif de « *soft law* » rend assez bien compte. Les tenants de la thèse anglo-saxonne mettent en avant l'exemple des pratiques américaines qui voient le juge tenir compte de la bonne volonté déontologique de l'entreprise dans son appréciation de la sanction en cas d'écart par rapport à la norme déontologique.

Enfin, nombreux sont ceux qui voient dans la charte l'outil adapté d'une protection au civil comme au pénal, non pas systématiquement de la personne morale mais en tout cas de celle de ses dirigeants qui, par le jeu de délégations de pouvoirs bien organisées et fortement adossées à des règles déontologiques internes, ont le souci d'écarter une responsabilité souvent engagée à distance et donc forcément mal maîtrisée.

Nous avons voulu y voir plus clair en interrogeant quelques professionnels reconnus. D'autres entretiens auraient été sans doute utiles pour obtenir des points de vue complémentaires. C'est dire la difficulté à conclure sur un tel sujet, sauf à tomber d'accord sur le fait, en tout cas, que, devant une volonté déontologique clairement exprimée et consciencieusement pratiquée, le juge ne peut rester ni sourd, ni aveugle.

L'effectivité juridique de la charte

La soft law de la responsabilité sociétale

On range, comme on l'a vu, sous la dénomination de chartes ou de codes des textes de nature diverse. Ces derniers recherchent une normativité plus souple que celle de la loi et, par conséquent, viennent s'insérer dans des espaces où l'intervention publique et la régulation sont souvent absentes. De ce point de vue s'est créée une sorte de « *soft law* » de la responsabilité sociétale, qui va chercher son inspiration dans des principes internationaux, tels que les Principes directeurs de l'OCDE ou la convention tripartite de l'OIT, et qui n'ont pas nécessairement leur traduction dans le droit national. Il s'agit là de ce que l'on pourrait appeler une « régulation juridique par le haut ». C'est dans ce sens qu'on pourrait aussi parler d'un « droit mou » qui vise à s'incorporer à l'édifice juridique existant et dont le juge devra tenir compte, même si son effectivité juridique reste limitée.

Des standards de comportement professionnel

Par ailleurs, les chartes et les codes reprennent ou développent souvent des standards de comportement professionnel qui figurent dans des réglementations professionnelles ou ordinales. Dans ce cas, le juge aura tendance à reconnaître leur valeur juridique par une simple assimilation aux usages professionnels quand ce n'est pas la coutume. Ceci est clair pour les règles de comportement professionnel comme celles qui figurent dans les codes de déontologie sectoriels ou, *a fortiori*, dans ceux des professions réglementées, mais l'est également par les règles qui s'inspirent des multiples codes de bonne conduite, de plus en plus fréquemment édictés par des organisations représentatives du secteur, sans que celles-ci aient été investies d'une quelconque mission de régulation.

Enfin, la charte évoque souvent le nécessaire respect des grands principes de l'économie de marché (refus des ententes, concurrence loyale, ...). Cette évocation, si elle n'emporte à l'évidence aucun effet juridique nouveau, pourra conduire en revanche à une plus grande sévérité du juge, en cas de manquement.

L'engagement unilatéral de l'employeur

Moins évidente, par contre, nous est apparue la tentation de considérer que la notion d'engagement unilatéral de l'employeur a une force juridique contraignante même si elle va au-delà de la norme conventionnelle ou professionnelle. Avec elle disparaît en effet la nécessité qu'un usage soit établi et une pratique régulière observée... Si l'on étendait au contenu des chartes les jurisprudences récemment constatées dans le domaine des « recommandations patronales », alors le chef d'entreprise serait juridiquement tenu par les affirmations de la charte même si l'engagement proclamé va au-delà de la règle de droit, de la disposition conventionnelle ou de l'usage professionnel.

Mais quelle est la portée juridique des chartes et des codes de bonne conduite, des codes éthiques ou déontologiques, des avis et des recommandations ou encore des accords atypiques et des règlements internes ? Dans quelle mesure, les juridictions tiennent-elles compte de ces textes ? Sanctionnent-elles en particulier l'inobservation des règles déontologiques ? Jean-François Amadieu, dans le texte qui suit tente d'y répondre.

Le durcissement du « droit mou »[1]

Jean-François Amadieu, professeur à l'Université Paris I Panthéon Sorbonne

Les codes et les chartes, qui peuvent être perçues comme des opérations de communication sans réelles conséquences, deviennent désormais des sources de droit. L'ordre judiciaire français, à l'instar de systèmes étrangers, paraît faire siennes ces règles venues d'ailleurs. Le « droit mou », loin d'affaiblir l'édifice juridique en y dérogeant et en le contournant, semble au contraire s'y incorporer. Ce mouvement de durcissement correspond à une évolution du droit de source étatique et de la hiérarchie des sources de droit qui deviennent plus floues. Enfin, la vitalité de l'activité normative du corps social est telle qu'elle conduit à un renforcement significatif du droit interne aux parties donnant ainsi, d'une autre manière, une consistance aux normes déontologiques.

Les entreprises subissent les conséquences de leurs propres lois

De purement incitatifs, déclaratoires et facultatifs, les codes et les chartes ont acquis progressivement un caractère obligatoire. Ils sont de plus en plus relevants. Le droit mou n'est pas condamné à une ineffectivité en raison de son caractère non contraignant[2]. C'est vrai au civil comme au pénal[3].

Un des fondements le plus classique est le fait que ces codes permettent d'établir des standards de comportement des opérateurs privés que le juge utilise dans ses décisions[4]. Il est fréquent que la loi ou le règlement soient relativement imprécis, ne permettant pas au juge de savoir ce qu'est par exemple une pratique déloyale,

© Éditions d'Organisation

---

1. Intervention du 24 octobre 2001.
2. F. Osman, « Avis, directives, codes de bonne conduite, recommandations, déontologie, éthique, etc. : réflexion sur la dégradation des sources privées du droit », in *Droit civil*, n° 3, 1995.
3. Voir en particulier, V. Wester-Ouisse, « Le droit pénal face aux codes de bonne conduite », in *Revue de science criminelle*, 2 avril 2000.
4. Com. 22 avril 1980, Marseillaise de Crédit / Banque Hervet.

la bonne foi, la prudence, etc. Par exemple, les textes nationaux qui répriment les pratiques déloyales en matière de publicité sont trop généraux. Les tribunaux sont donc amenés à se référer à des réglementations corporatives qui définissent le comportement de l'homme diligent et avisé dans la publicité pour apprécier l'illicéité de certains agissements[5]. Il en est de même du code de déontologie de la fédération française de la franchise qui a fréquemment été utilisé par les juridictions en contribuant à forger la jurisprudence en ce domaine[6]. La violation du code ou de la norme professionnelle est constitutive d'une faute. Ainsi, l'inexécution d'une norme ou convention privée peut, à elle seule, justifier une sanction pénale.

Cette jurisprudence rompt radicalement avec les fondements de notre droit pénal (en vertu du principe de légalité criminelle, seul un texte de loi est en mesure d'incriminer et d'attacher une sanction pénale à un comportement).

Il faut souligner que les standards édictés par les codes professionnels ont une force juridique même s'ils ne font l'objet d'aucune consécration réglementaire. C'est une évolution majeure de la jurisprudence puisque, antérieurement, seuls les codes déontologiques consacrés par décret (on pense aux codes des ordres professionnels français) étaient contraignants pour tous les membres d'une profession.

Le cas des recommandations patronales formulées par les fédérations patronales de branche illustre cette évolution. En droit social, de telles recommandations n'ont *a priori* aucun caractère contraignant pour les employeurs membres de l'organisation patronale et encore moins pour les patrons qui n'adhèrent pas à l'organisation patronale tout en relevant de la branche professionnelle en cause. Ces recommandations ne sont pas en effet des conventions collectives, et n'étant pas des accords collectifs, elles ne devraient pas être relevantes. Seule l'extension par les pouvoirs publics peut rendre impérative une convention collective dans une branche.

5. Crim, 25 juin 1984, note Fourgoux..
6. Voir F. Caquelin, « La franchise et le droit », *in Gazette du Palais*, 1982.

Dans un premier temps, les juges avaient reconnu le caractère obligatoire pour les employeurs d'une recommandation émanant de l'organisation patronale, en constatant que l'usage dans telle branche était de suivre les recommandations. En 1991, la chambre sociale avait suggéré qu'une recommandation édictée par la chambre syndicale de la métallurgie pouvait s'imposer aux employeurs, soit compte tenu des « conditions dans lesquelles la chambre syndicale avait été amenée à faire ses recommandations », soit parce que ces recommandations pouvaient avoir la « valeur d'accord minimum ou d'usage obligatoire dans la métallurgie »[7]. Ils sont allés plus loin dans l'affaire de la prime promise aux chauffeurs routiers. On se souvient que pour mettre un terme à un conflit très dur, un accord a été conclu avec les partenaires sociaux. Parallèlement, deux fédérations patronales adressent une recommandation à leurs adhérents les invitant à verser une prime aux chauffeurs. Il s'agissait évidemment d'une solution de sortie de crise ménageant les susceptibilités de la base patronale,

laissant des marges de manœuvre et permettant d'aboutir à un accord qui n'eut pas été possible, si l'octroi de la prime avait figuré dans l'accord collectif. Mais la Cour de cassation[8] a considéré que ces recommandations avaient un effet obligatoire pour les employeurs adhérents de l'organisation patronale.

En outre, les standards corporatifs s'imposent à tous les membres de la profession, même à ceux qui ne sont pas signataires de la charte, qui ne sont pas membres du groupement professionnel qui a élaboré ce code déontologique et qui n'ont pas indiqué qu'ils entendaient l'appliquer. On aurait pu penser que c'était l'engagement contractuel qui pouvait seul fonder l'obligation de respect. On pouvait comprendre par exemple que la référence explicite dans un contrat ou une convention à des normes ou recommandations qui émanent de tel ordre privé ou qui viendraient à être fixées par lui dote les normes professionnelles en question d'effectivité[9].

7. Soc. 30 oct. 1991.
8. Soc. 29 juin 1999.
9. Civ. 12 juin 1990.

Il était aussi compréhensible qu'une entreprise se référant dans ses documents à un code de conduite national ou international se contraigne elle-même. Ainsi, la cour d'appel d'Amsterdam annule une décision de fermeture d'usine pour non-respect du code de conduite de l'OCDE, qui prévoit une consultation des représentants du personnel. Désormais, l'existence d'un code généralement appliqué et suffisamment connu a bel et bien une force obligatoire.

Il faut mentionner un autre exemple de l'emprise croissante des normes privées : les dispositions d'un code de déontologie dont la violation peut entraîner des sanctions disciplinaires peuvent désormais provoquer la nullité de contrat conclu en violation de ces normes de comportement[10]. C'est le cas de la déontologie médicale. Les juges sont ainsi allés bien au-delà de ce qui était explicitement organisé par les pouvoirs publics et (ont ainsi ?) renforcé l'autorité de l'ordre des médecins.

Nombre de codes de bonne conduite ou chartes visent à protéger l'employeur en cas de fautes commises par les salariés. En informant sans ambiguïté les salariés, l'employeur peut voir les éventuelles sanctions allégées en cas d'indélicatesses. L'objectif des chartes d'usage d'Internet est d'encadrer la liberté accordée par les juges aux salariés dans l'utilisation d'Internet et d'éviter les dérapages auxquels cette pratique peut donner lieu.

De la norme de gestion à la règle de droit

Les juges ont progressivement conféré une portée juridique à des décisions ou déclarations d'intention qui furent longtemps la manifestation de l'arbitraire patronal et du pouvoir de direction de l'employeur.

Le règlement intérieur est un exemple de cette évolution. Il s'agit d'un « acte réglementaire de droit privé », selon les termes de la Cour de cassation. Il s'impose aux salariés et à l'employeur bien qu'il ait un caractère unilatéral (il n'est pas négocié, il y a seulement depuis 1982 consultation des représentants du personnel). Au-delà du classique règlement intérieur, c'est toutes les directives

---

10. Civ. 28 juin 1999.

et normes de gestion qui acquièrent une force non seulement interne mais surtout externe. L'ensemble des politiques de gestion du personnel est désormais concerné. Par leurs pratiques, les employeurs ont évidemment constitué un usage dont les salariés pourront se réclamer devant les tribunaux. Les juges retiennent depuis longtemps ce fondement. L'employeur est engagé par ses propres habitudes de gestion. Mais, une étape décisive dont les conséquences ne peuvent encore être totalement mesurées a été franchie lorsque les juges ont entrepris de retenir la notion d'engagement unilatéral de l'employeur.

L'engagement unilatéral

Il n'est désormais plus nécessaire qu'un usage existe pour qu'une norme de gestion devienne une règle de droit. Par exemple, une prime doit être versée parce que l'employeur s'y est engagé, bien que l'irrégularité de son versement démontre que ce n'est pas l'usage[11].

Il est acquis que les circulaires internes des employeurs ont la valeur d'un engagement unilatéral de l'employeur. En conséquence, l'employeur est tenu de se conformer aux dispositions qu'il a lui-même élaborées. Sauf à avoir clairement indiqué le caractère limité dans le temps de ces règles ou procédé à leur dénonciation explicite, ces règles ont une force obligatoire. L'adage « tu patere legem quam fecisti » trouve ici à s'appliquer. Il en va de même des accords conclus dans des conditions illicites. Ces accords dits atypiques[12] (accord conclu par exemple avec un CE ou des délégués du personnel dans des matières où cela n'est pas possible) devraient n'avoir aucune valeur, en ne pouvant être opposés devant un tribunal en cas de non-respect par l'employeur.

Pourtant, depuis une dizaine d'années, ces textes ont une réelle portée, ayant la valeur d'un engagement unilatéral de l'employeur. Le juge dispose d'un fondement pour forcer au respect des règles contenues dans ces accords. Ainsi, avec la notion d'engagement unilatéral, il n'est

11. Soc. 5 juin 1996.
12. Soc. 7 janv. 1988. CH. Freyria, « Les accords d'entreprise atypiques », in Droit social, 1988.

139

plus nécessaire qu'un usage soit établi. Ce n'est plus au nom d'une pratique régulière permanente et générale dans l'entreprise que la norme de gestion acquiert une juridicité, mais simplement au vu d'une déclaration de l'employeur. Un engagement de faire ou une promesse ont désormais des conséquences juridiques et économiques pour le décideur. La jurisprudence est très claire depuis dix ans :

- telle prime sera accordée ;
- certains frais professionnels seront remboursés ;
- aucun licenciement n'aura lieu pendant une période déterminée ;
- des congés supplémentaires seront octroyés ;
- une protection sociale améliorée sera mise en place ;
- un traitement des salariés licenciés plus favorable que celui imposé par la loi est promis, etc.

Ces déclarations patronales sont en général faites dans des circonstances qui permettent de les établir et de les consacrer. Elles figurent dans des procès-verbaux du comité d'entreprise ou dans des comptes rendus de réunion avec les délégués du personnel ou les délégués syndicaux. Il peut s'agir de notes de service ou de courriers adressés aux salariés.

On peut penser que, désormais, toute déclaration publique faite, par exemple, à l'extérieur de l'entreprise peut permettre de prouver l'engagement de l'employeur. Le projet de loi de modernisation sociale va dans ce sens en donnant un poids inédit aux déclarations publiques des dirigeants lorsqu'elles concernent, même de très loin, la marche de l'entreprise et donc l'emploi (la consultation en urgence du CE est requise, le délit d'entrave peut parfois être constitué). La prise de parole du dirigeant n'est plus anecdotique, la promesse engage, quels que soient le lieu, les circonstances et les formes de cet engagement unilatéral.

Les décisions de gestion créent du droit de deux manières. L'une bien connue est l'usage, l'autre est l'engagement unilatéral. En retenant ce fondement, les juges ont opéré un changement d'envergure. La norme de gestion se caractérisait par sa réversibilité, son caractère contingent et unilatéral. Règle fragile sans portée juridique, la norme de gestion était la manifestation du pouvoir de direction de l'employeur et du lien de subordination du salarié.

Accorder telle prime et la verser ou non une année donnée, gratifier telle secrétaire d'un salaire plus élevé que sa collègue sans avoir à le justifier[13], était ce qui distinguait la norme ou l'acte de gestion de la règle de droit.

Or, la sphère de ces « pures normes de gestion », qui sont des règles contraignant les salariés mais pas l'employeur, se restreint considérablement, comme le souligne Alain Supiot. Le propre du pouvoir de direction de l'employeur, souligne-t-il, est d'ignorer la généralité et la permanence de la règle de droit, de pouvoir décider aujourd'hui autrement qu'hier et pour Pierre autrement que pour Paul. Les normes que l'employeur se fixe par commodité ne le lient pas : pour peu que les normes de gestion et de comportement imposées aux salariés ne soient pas contraires aux libertés publiques ou au droit des personnes, l'employeur est libre de les annoncer, de les fixer, de les modifier. C'est justement cette distinction entre norme de gestion et règle de droit que les juges résorbent en accueillant la notion d'engagement unilatéral.

La mutation opérée avec la notion d'engagement unilatéral est telle qu'une norme de gestion peut acquérir une juridicité alors que seule une décision des pouvoirs publics pouvait la lui conférer. Dans une affaire[14], les juges ont obligé à l'application d'un accord collectif conclu dans le secteur sanitaire et social alors que, en l'absence de l'agrément ministériel requis, ce texte n'avait aucune valeur.

Autre illustration de la force prise par l'acte de gestion ou la déclaration : l'engagement unilatéral est opposable au nouvel employeur[15]. De même que les engagements d'un employeur créent du droit, les recommandations des organisations patronales le font aussi.

Les évolutions des règles étatiques

Pour s'en tenir au droit social, des changements considérables se sont produits depuis vingt ans. Ces derniers ont rendu nos règles d'origine étatique plus

---

13. Depuis l'arrêt Ponsolle, cela n'est plus possible.
14. 15 juillet 1998, bull. civ. V, n° 378.
15. 4 fév. 1997, Droit social, 1997, obs. G.Couturier.

perméables aux normes non étatiques.

Certaines lois ont clairement un caractère expérimental. Leur mise en œuvre effective repose sur la bonne volonté des partenaires sociaux ou des employeurs. La pérennisation de la loi, sa forme définitive et incertaine, s'inspire des normes mises en place par les partenaires sociaux. C'est le cas de la loi du 4 août 1982 relative à l'expression directe des salariés. La loi du 3 janvier 1986 confirme et précise quelque peu le texte initial. Pourtant, au même moment, l'effectivité du nouveau droit ouvert en 1982 commence à décliner. Ce texte est aujourd'hui quasiment ignoré.

La norme produite par les partenaires sociaux acquiert également une force nouvelle en pouvant s'imposer au législateur. Elle pénètre ainsi « par le haut » en étant en quelque sorte imposée au pouvoir politique.

La décision du Conseil constitutionnel relative à la loi Aubry II est sans doute la plus symptomatique de cette évolution. On a pu parler « d'insoutenable légèreté des règles »[16] tant cette décision

paraît subordonner la représentation nationale aux corps intermédiaires.

Moins visibles, les accords collectifs conclus dans les entreprises publiques s'avèrent de moins en moins contraints par le cadre légal ou réglementaire. Ces accords fixent des dispositions qui, aux yeux des signataires, forment un tout indivisible qui doit être transposé « tel quel » par la voie réglementaire lorsque c'est nécessaire et en particulier lorsque le cadre réglementaire est modifié (par exemple, l'accord SNCF relatif aux 35 heures).

Les accords Air France vont plus loin. On y trouve notamment un système de dérogation provisoire au règlement décidé par les signataires. De plus, il est possible de déroger en cas de « circonstances exceptionnelles » aux règles dérogatoires qui font l'objet de l'accord. Il s'agit d'un mécanisme de « poupées russes dérogatoires ».

Le droit supra étatique perturbe également notre droit étatique. Le traité d'Amsterdam permet en effet aux partenaires sociaux, au niveau européen, de produire des normes négociées, parfois

---

16. Christine Gavini commentant dans *Libération* cette décision.

non reprises par le conseil sous forme de directive, qui s'imposent néanmoins totalement au législateur français. La subsidiarité horizontale européenne fait pénétrer de manière spectaculaire la norme privée dans notre droit.

Le droit interne d'entreprise gagne en force[17]

Une règle peut devenir plus générale et permanente, son respect peut s'imposer à tous dans sa sphère d'application sans que son interprétation et la sanction de son inobservation ne soient assurées par l'ordre judiciaire. Pour autant, la norme ainsi produite est-elle dénuée d'effectivité ?

Les accords d'entreprise ont connu un développement comme les dispositions qu'ils prévoient, non seulement dérogent en toute légalité à des lois devenues supplétives, mais aussi innovent en mettant en place des mesures qui ne peuvent avoir, en l'état actuel des choses, de juridicité.

On notera en premier lieu que les accords collectifs organisent quasi systématiquement un « suivi » de l'application. Il s'agissait, il y a quelques années, d'une initiative patronale qui s'est généralisée et a été d'ailleurs rendue obligatoire en matière de temps de travail dans les lois Aubry. Ce suivi est aussi prévu dans la loi de modernisation sociale au sujet des plans de sauvegarde de l'emploi. Or, les instances de suivi ont vocation à faire le bilan de la mise en œuvre d'un texte mais aussi à interpréter les termes de l'accord et à résoudre les litiges individuels et collectifs pouvant survenir lors de son application. En d'autres termes, ces instances de « suivi » se voient confier des missions qui en d'autres temps eussent été assumées par l'administration du travail ou par les juges. Désormais, comme c'est le cas (au moins formellement) au niveau des conventions collectives de branche étendues, l'interprétation et la conciliation sont effectuées par les parties à la négociation. Il est juste de dire que la norme édictée localement est administrée et sanctionnée par les acteurs locaux.

---

17. Sur ce point, voir en particulier Alain Supiot, « Déréglementation des relations du travail et autoréglementation de l'entreprise », *in Droit Social*, n° 3, mars 1989. Christine Gavini, « *Emploi et régulation* », CNRS éditions, 1998.

De plus en plus, le rôle des ins- tances internes d'administration de la norme négociée revêt un caractère incontournable car il ne serait pas possible aux partenai- res signataires ou à un tiers de se réclamer des dispositions de l'accord. N'ayant aucune valeur légale, certaines mesures ne peuvent être interprétables, avoir un sens et une force obligatoire que dans leur sphère de définition.

Quelques exemples

Lorsque des entités qui emploient des fonctionnaires signent des accords collectifs, ceux-ci n'ont aucune valeur légale. La jurisprudence bien éta- blie du Conseil d'État est limpide. Les fonctionnaires sont dans une position statutaire réglementaire et un accord collectif n'est pas opposable par un agent devant une juridiction. Cela n'a pas empêché un essor récent et spectaculaire des accords col- lectifs. Comment garantir aux signataires et aux salariés le res- pect des engagements pris par des directions qui, à la différence des employeurs du secteur privé pour qui les engagements unila- téraux engagent vraiment, ne sauraient – en droit – s'être enga- gées à quoi que se soit ? Il faut

dès lors que les parties renfor- cent les instruments purement internes, en mesure de conférer une réelle autorité à cette œuvre normative. Ces instances dites de suivi, de recours, de règlement des différends, sont parfois consacrées par un décret (France Telecom).

Dans certains cas, les termes d'un accord ne sont pas vraiment compatibles avec nos lois ou notre constitution. Ainsi en est-il des dispositions qui organisent des procédures de prévention des conflits du travail. On prévoit des délais avant déclenchement des grèves ou des préavis, on s'engage à ne pas recourir à la grève.

Bien entendu, notre constitution ne se prête pas du tout à ce type d'exercice. Les signataires en sont conscients. L'accord Air France indique d'ailleurs qu'à l'issue d'une période de trois mois durant laquelle un accord aura été recherché en cas de liti- ges, les syndicats peuvent agir par les procédures « légales habituelles ». Comment imaginer que des moyens non légaux soient alors utilisés ? C'est bien le mécanisme de conciliation prévu dans l'accord lui-même qui est un droit purement interne, sans juri- dicité.

Autre exemple, lorsque le droit syndical ou celui de la négociation sont aménagés, des mesures sont prises d'un commun accord, qui peuvent être contraires à l'ordre public social. Ainsi en est-il de dispositions qui prohibent toute signature d'un accord collectif si les signataires n'ont pas recueilli 35 % des voix aux élections professionnelles (accord oct. 2001 RATP).

Ce qui est remarquable dans ces accords créateurs d'un véritable droit interne, c'est que les engagements des signataires (ne pas faire grève, déclencher une alarme, ne pas conclure avec des syndicats minoritaires, etc.) sont de plus en plus précis et sont dotés d'une « juridicité purement locale » mais bien réelle.

Ces engagements des signataires engagent tous les salariés et tous les syndicats, ce dont témoigne le dernier accord social RATP qui, fait rare, permet aux non-signataires de l'accord de participer au suivi du texte. l'accord RATP 2001 consacre et prolonge un texte antérieur qui comportait un « code de

conduite » en matière de dialogue social.

Conclusion

Comme le souligne Gérard Farjat[18] : « *Les possibilités d'effectivité des codes de conduite privés sont considérables pour qui ne s'en tient pas aux apparences et à une définition formelle de l'efficacité* ». Que le « code » soit utilisé par le juge, intégré au droit lui-même ou qu'il soit administré dans la sphère professionnelle qui l'a édicté. Le juge étatique ne s'attache pas au procédé formel qui a présidé à la création d'une norme par des personnes privées (qu'elles fussent ou non investies de prérogatives de puissance publique) pour lui reconnaître un caractère obligatoire[19].

Dans ces conditions, la juridicité des normes privées est susceptible de connaître une considérable extension en posant un évident problème d'insécurité juridique, alors qu'elles avaient été parfois élaborées dans un but de protection. Les règles professionnelles sont notamment sujet-

© Éditions d'Organisation

18. « Réflexions sur les codes de conduite privés », *in Le droit des relations économiques internationales*, LITEC, 1982.
19. F. Osman.

tes à des évolutions fréquentes, voire permanentes.

En outre, les codes professionnels, visant dans certains cas à éviter la loi pénale, contribuent paradoxalement à son renforcement. Il en résulte, en particulier en droit social, une complexification des règles contraignantes au sein des entreprises.

La charte a d'abord la valeur juridique des instruments qu'elle emprunte

La quasi-totalité des auteurs et des intervenants considèrent, *a contrario*, que la charte a d'abord la valeur juridique des instruments ou des supports qu'elle emprunte, à commencer par le contrat de travail ou le règlement intérieur auxquels elle est parfois annexée. L'assimilation au règlement intérieur semble cependant s'imposer davantage dans la mesure où, comme le fait observer Jacques Barthélemy (intervention ci-après), les règles déontologiques figurant dans la charte constituent bien des « prescriptions générales permanentes » correspondant à la définition de l'objet du règlement intérieur (donnée par l'article L. 122-34 du Code du travail). Cette juridicité de la charte dépend alors du respect des procédures relatives au règlement intérieur.

Certains estiment que son annexion au contrat de travail, directement ou indirectement (par exemple simple lettre du salarié à son employeur disant qu'il a bien pris connaissance du document ou attestation des responsables hiérarchiques de leur connaissance et acceptation des règles déontologiques de la firme), confère à ces dispositions une valeur contractuelle. Les conséquences en cas de manquement déontologique seront différentes : la sanction disciplinaire dans le cas d'une assimilation au règlement intérieur devra respecter le principe de proportionnalité. S'il s'agit d'un élément du contrat de travail individuel, sa résolution pourra être demandée par l'employeur.

La charte : une éthique de la fonction patronale

Lorsqu'un dirigeant décide de mettre en place une charte et d'engager une démarche déontologique, c'est qu'il fait sienne une idée fondamentale : l'entreprise n'est pas seulement une entité économique dont l'intérêt social se limiterait à la recherche du seul profit maximum, mais elle est aussi une unité sociale. Il y aurait donc, pour reprendre l'expression de Jacques Barthélemy, une « polymorphie » du concept d'entreprise.

Devant cette constatation, il est souhaitable que la charte soit conçue et perçue comme l'expression volontaire d'une « éthique de la fonction patronale » et que, par cet outil, le chef d'entreprise exprime ce qu'il pense être la déontologie dans ses rapports avec ses salariés.

Dès lors pourront figurer dans les chartes des principes de comportement et de dialogue avec les salariés, représentés par le comité d'entreprise, ou avec chaque salarié. Ces principes pourront aller au-delà d'un simple énoncé de la réglementation du travail. C'est dans cette perspective que l'engagement individuel de l'employeur prend tout son sens et que pourront figurer des objectifs de « négociation réelle » (et pas seulement formelle, par application du Code du travail), « d'exécution de bonne foi » des dispositions conventionnelles, de « recherche du consensus le plus large », au-delà des majorités requises par les règlements. **La charte, comme cela a déjà été souligné, peut ainsi devenir un instrument juridique du social dans l'entreprise, mais d'une juridicité propre à l'entreprise.** Il est clair que, en cas de contentieux, le juge prendra en considération ces engagements patronaux.

La charte : un outil juridique fondateur

En particulier, **la charte pourra devenir l'outil juridique fondateur de l'équilibre entre la nécessaire protection de l'intérêt de l'entreprise et le respect tout aussi nécessaire de la vie privée du salarié.** Intérêt de l'entreprise et respect de la vie privée trouvent en effet leurs limites en raison de la mise en cause de la responsabilité pénale des dirigeants du fait des activités des salariés. C'est le cas par exemple de l'utilisation inappropriée des nouvelles technologies dans l'entreprise. Si la jurisprudence la plus récente semble avoir conforté la suprématie du respect de la vie personnelle, elle n'a pas interdit au chef d'entreprise de se donner les moyens de sauvegarder les missions de l'entreprise et de la protéger contre des désordres graves et la mise en cause de sa responsabilité.

C'est pourquoi la concertation autour d'un projet de « Charte informatique » est une voie à privilégier pour clarifier le difficile débat sur l'utilisation des nouvelles technologies dans l'entreprise.

La charte et la loyauté

L'adoption d'une charte rend juridiquement plus visible, et donc plus fort, le concept de devoir de loyauté attendu de tous les salariés de l'entreprise. **Tout manquement à la charte peut être analysé, *in fine*, comme un manquement à la loyauté due à l'entreprise et constitutif d'une faute grave du salarié** ; il autorise la sanction disciplinaire. De même, elle conforte la compréhension de ce qu'est « l'intérêt de l'entreprise », justifiant sur cet autre plan juridique, la prise de sanction sous une double limite : celle de la proportionnalité et celle du contrôle juridictionnel.

La contribution de Jacques Barthélémy qui suit vient éclairer ces propos. Elle évoque la problématique des incidences juridiques des chartes déontologiques sur les salariés, ainsi que celle des exigences de nature éthique du comportement de l'employeur à l'égard des salariés. Elle concerne les relations de la règle déontologique avec le droit social et les difficultés qui en résultent.

Les normes déontologiques et le droit social[20]

Jacques Barthélémy, avocat honoraire

La tendance à assimiler l'entreprise à la société est inacceptable en droit du travail. Certes, le Code du travail évoque parfois l'entreprise et pas seulement l'employeur. Il ne se hasarde pas pour autant à en donner une définition juridique. Celle-ci est du reste malaisée à cerner, dès lors que l'entreprise est essentiellement un concept économique. Au plan juridique, la notion d'entreprise est utilisée comme matériau pour faire reconnaître par le juge un droit particulier.

L'entreprise : une notion variable en droit

Dès lors, l'entreprise n'est pas la même en droit des sociétés et en droit social puisque la finalité de ces droits est différente. Certes, bien que l'objet du droit des sociétés soit d'organiser en priorité les rapports entre associés, l'ingénierie juridique déployée dans cette discipline a permis d'en faire une technique d'organi-sation de l'entreprise. Cela ne suffit pas pour que la physionomie de l'entreprise véhiculée par ce droit s'impose universellement.

L'entreprise : une unité économique et sociale

En droit social, l'idée que l'entreprise est une unité économique ne peut que s'imposer, comme dans le droit des sociétés. Il ne saurait pour autant s'en satisfaire, car sa fonction est de protéger les salariés. Pour que leurs intérêts puissent s'exprimer, la collectivité du personnel doit avoir une certaine consistance juridique. Contrairement à celle des associés, dotée de la personnalité juridique grâce à la société, la collectivité du personnel n'est pas une personne morale. Elle a néanmoins des intérêts catégoriels à faire valoir, qui ne sont pas la somme des intérêts individuels de ses membres.

---

20. Intervention du 24 octobre 2001.

Voilà pourquoi l'entreprise, en droit social, est à la fois une unité économique et sociale. On peut même affirmer cette UES (Unité Économique et Sociale), construction prétorienne majeure, est la définition juridique de l'entreprise en droit social. Au point, du reste, que le regretté Michel Despax a pu affirmer que « *le droit social réunifie ce que le droit des sociétés divise* ». Il n'est pas inutile de souligner que le concept d'UES est né des contentieux relatifs à la mise en place du comité d'entreprise, organe ayant en charge l'expression de la collectivité du personnel.

Quelle est la finalité de l'entreprise ?

Cette remarque en appelle une autre, encore plus essentielle. La réduction de l'entreprise à la société invite à soutenir que le profit est la finalité de l'entreprise, alors que, au plan économique, c'est l'accroissement des richesses. Ce contresens réducteur conduit à soutenir que l'intérêt de l'entreprise, c'est d'abord la valorisation de l'action. Le profit permet à l'évidence que soit mieux pris en compte l'intérêt des salariés, mais il ne saurait pour autant matérialiser à lui seul l'intérêt social.

Pourtant, nombre de stratégies managériales sont construites autour de ce « postulat ». La volonté des actionnaires est assez souvent mise en avant pour justifier des choix, sans que leur opinion ait été clairement exprimée. Vu ainsi, sans pour autant être naïf, le poids des fonds de pension est parfois un alibi, d'autant plus facile à mettre en avant que ces fonds représentent des intérêts de salariés.

Dirigeant et mandataire : des fonctions bien distinctes

De cette remarque en découle une autre : la fonction de dirigeant de l'entreprise et celle de mandataire de la société sont distinctes, même lorsqu'elles sont exercées par la même personne. Une telle affirmation n'a rien de farfelu, dans la mesure où l'on retrouve cette situation ailleurs.

Ainsi, le délégué syndical, personne physique, exerce en même temps un contrat de travail et un mandat, les deux étant indissociables. Cette remarque est d'autant plus importante que le passage progressif de la civilisation de l'usine à celle de l'intelligence, fruit des progrès des NTIC, a pour effet que le schéma d'entreprise sur lequel s'est construit le droit du travail tend à disparaître. L'opposition entre patron et travailleurs deviendra de plus en plus surréaliste.

Or, la plupart des dirigeants de grandes entreprises disposent d'un contrat de travail, cumulé avec un mandat, parce qu'ils ne possèdent que quelques actions. Et les salariés, par des moyens divers, sont de plus en plus détenteurs d'une partie de ce capital. Cette remarque est essentielle dans la mesure où a pris corps, dans le droit positif, la thèse institutionnelle faisant reposer le pouvoir de l'employeur, non sur le contenu des contrats conclus entre lui et les salariés, mais sur sa qualité de chef d'une communauté, par transposition de règles en vigueur dans le droit administratif. Dans cette logique, il n'existe qu'une limite de fond à ce pouvoir : le détournement de pouvoir, c'est-à-dire son utilisation à d'autres fins que l'intérêt de l'entreprise.

Tant que la notion d'intérêt de l'entreprise, donc celle d'entreprise, ne prend pas de la consistance au plan juridique, le détournement de pouvoir n'est qu'une incantation destinée à justifier le caractère souverain du pouvoir de l'employeur. C'est du reste la raison pour laquelle la Cour de cassation a choisi une

autre voie pour atteindre le même but : promouvoir l'intérêt catégoriel de la collectivité du personnel et préserver les libertés fondamentales du salarié.

Une amorce de reconnaissance de la personnalité civile de l'entreprise

Pour prolonger ce raisonnement, il n'est pas inutile de mettre l'accent sur le fait que les textes relatifs à la prévention et au traitement des difficultés des entreprises ont été, à juste raison, présentés comme constituant une amorce de reconnaissance de la personnalité civile de l'entreprise et, à un degré moindre, de la collectivité du personnel. Leur finalité était en fait de dépasser le seul intérêt des actionnaires et des créanciers. En faisant de l'emploi un objectif prioritaire, on donnait ainsi à l'entreprise une finalité plus large que celle résultant d'une définition stricte, par référence au périmètre de la société.

En d'autres termes, l'idée que les rapports de travail doivent être empreints du respect des normes déontologiques internes ne peut prospérer que si la polymorphie du concept d'entreprise est admise, dans les têtes et dans les cœurs et pas seulement dans le respect formel des procédures !

Au vu de ces considérations préliminaires, il est souhaitable d'examiner la position du salarié face à la charte déontologique de l'entreprise, puis le comportement éthique de l'employeur face aux droits du personnel.

Le salarié face à la charte

Quel que soit son contenu concret, la charte pose, au regard du droit du travail, deux sortes de problèmes : d'abord, quelle en est la nature juridique ? Ensuite, quel est le degré possible de résistance du salarié ?

Nature juridique de la charte

On peut imaginer deux scénarios, suivant que l'on considère que la charte est l'expression du pouvoir de décision unilatérale de l'employeur ou qu'elle s'incorpore au contrat de travail. Les effets du choix font que cette quête n'est pas que purement intellectuelle.

Par exemple, si on se place sur le terrain disciplinaire, les effets du non-respect de la norme d'origine patronale sont différents, suivant que la sanction envisagée est ou non le licenciement. Le juge dispose, en effet, du pouvoir d'annuler la sanction s'il estime que n'est pas respecté le principe de proportionnalité entre sanction et faute. Il n'en est pas de même s'agissant du licenciement, pour lequel seuls des dommages et intérêts pour absence de cause sérieuse sont concevables. On pourrait pourtant imaginer une distinction entre licenciement consacrant l'utilisation irrégulière du pouvoir de l'employeur et licenciement dans le cadre d'un détournement de pouvoir. Le premier serait simplement attributif de dommages et intérêts, tandis que le second serait nul. Au contraire, si on se place sur le terrain contractuel, le non-respect d'une obligation ne peut se traduire que par la résolution du contrat.

L'annexion au contrat de travail

L'annexion au contrat de travail de documents ayant vocation à identifier des comportements qualifiés d'éthiques ne suffit pas à leur conférer la qualification d'éléments dudit contrat. Le contenu habituel de ces documents et la finalité recherchée font que cette qualification ne peut en principe être retenue. La jurisprudence se range du reste assez facilement à cette analyse, si l'on en juge notamment par un célèbre arrêt IBM récent.

Cette situation n'exclut pas toutefois que, parfois, il y ait incorporation. Tout dépendra en effet de la volonté des parties au moment de l'annexion, au contrat écrit de travail, du document consacrant ces règles. Dans l'affaire des tenues vestimentaires des *cast membres* d'Eurodisney, la question avait été évoquée par l'employeur lui-même, afin d'éviter les conséquences pénales de la non-consultation du comité. L'annexion au contrat de travail sera la seule solution satisfaisante lorsque la charte sera construite pour être opposable à quelques salariés, cadres d'un certain niveau.

Le règlement intérieur

Il est plus vraisemblable que la qualification d'élément du règlement intérieur du travail soit à retenir. En effet, le contenu de ces chartes crée des obligations de comportement, qui peuvent être sanctionnées au plan disciplinaire. On rentre alors dans le champ de l'article L. 122-39 du Code du travail. Il s'agit bien d'un document portant des prescriptions générales et permanentes, relatives à la discipline entrant dans la prévision de l'article

L. 122-34 qui définit l'objet du règlement. Ce document doit alors être considéré comme une adjonction au règlement intérieur et suivre les règles de procédure et de publicité de celui-ci, sous peine de sanctions pénales.

Là encore, au regard cette fois-ci du contenu précis du document, l'assimilation à un élément du règlement intérieur peut être contestable. Tout dépend des effets des règles de comportement au regard de la sécurité, de l'hygiène, de la santé, mais surtout des conséquences, au plan disciplinaire, de leur non-respect. Voilà pourquoi certaines décisions judiciaires peuvent apparaître contradictoires.

Quoi qu'il en soit, dès lors que les normes édictées ont vocation à concerner tous les salariés, leur opposabilité aux salariés dépend de l'information et de la consultation du comité, préalable à leur adoption. Il s'agit là d'une déclinaison des attributions de cette institution dans l'ordre économique et professionnel.

L'opposabilité aux salariés

La notion d'éthique est ancienne, mais les juristes ne s'y sont guère intéressés avant l'introduction de sciences modifiant les rapports des hommes entre eux, spécialement les nouvelles technologies de l'information et de la communication. Ce n'est pas un hasard si la plupart des décisions topiques en ce domaine sont relatives aux procédés informatiques.

Si l'éthique, c'est l'art de diriger une conduite personnelle, impliquant sincérité et transparence, le code éthique se heurte à une difficulté sérieuse : celle de son effectivité, en raison des difficultés à le mettre en œuvre. Tout au moins tant qu'on ne passe pas de l'éthique à la déontologie, ce qui suppose l'organisation de procédures conduisant à la sanction autrement que par référence à des règles précises impératives. Ainsi, que signifie concrètement l'expression « déontologie des journalistes », à défaut d'une instance du type de celles qui concernent les professions libérales ?

Si le « code » est contractualisé par son annexion au contrat de travail, c'est sur le terrain de la loyauté qu'il faudra se placer pour justifier les actions visant à sanctionner son non-respect. C'est bien ainsi que se développent, par exemple, les contentieux relatifs au dopage dans le sport. Nombre de contrats de grands sportifs contiennent en effet une clause l'interdisant. La sanction envisagée est souvent disciplinaire, puisque est invoquée la faute grave et non la rupture résultant du non-respect du contrat par l'une des parties.

Si on se place, au contraire, sur le terrain de l'exercice du pouvoir normatif de l'employeur, c'est bien l'intérêt de l'entreprise qui servira de point d'appui à la validité de la sanction. Encore faudra-t-il respecter les droits fondamentaux du citoyen salarié, en particulier le droit à la vie privée et personnelle (deux notions distinctes par leur objet comme par leur contenu). On songe ici au droit de critique, au droit d'informer, à la liberté d'expression politique ou syndicale. Et l'on se souvient de cette affaire d'un salarié de Dunlop licencié parce que, dans un journal, il avait fait état de malfaçons dans la confection des pneumatiques. Dans cette affaire, la nullité du licenciement était sollicitée au nom de l'atteinte à un droit fondamental, mais c'est sur le terrain du comportement abusif de l'employeur que s'est résolu le litige. En fait, on n'avait pas voulu aborder le délicat problème des conséquences juridiques du détournement de pouvoir.

Si, au nom de la préservation des intérêts légitimes de l'entreprise, l'employeur est en droit de mettre en œuvre, dans le cadre de son pouvoir disciplinaire, des sanctions pour non-respect de la charte, la sanction devra être proportionnée à la faute, sous contrôle du juge du fond. En outre, au nom de la sauvegarde des Droits de l'homme, la possibilité de sanctionner est subordonnée à l'information individuelle des salariés. Dès lors, même si des précautions sont à prendre pour éviter qu'on en tire comme conséquence l'intention de l'employeur de faire du contenu du document un élément contractuel, la charte doit être communiquée à tous les salariés.

L'employeur face aux droits des salariés

La notion de contrat de travail est d'ordre public. Ceci est la conséquence de sa définition à partir de l'état de subordination juridique du salarié qui, en rendant suspect son consentement, rend en outre difficile que le contrat puisse faire seul la loi des parties.

Il en résulte que, d'un côté, le droit du travail a inévitablement une fonction protectrice qu'aucune justification ne saurait altérer ; de l'autre, il se matérialise par des règles visant à corriger les effets de la subordination. À savoir un

volume de dispositions légales impératives plus abondant que ce que recouvre strictement la notion civiliste d'ordre public ; le principe de faveur concrétisant l'ordre public relatif social ; la remise en cause, parfois, du principe selon lequel le demandeur a la charge de la preuve ; des présomptions de qualification, parfois irréfutables ; enfin, l'abondance et le caractère substantiel des procédures.

D'où le sentiment des employeurs que le droit du travail est un mal nécessaire :

* mal parce que ses contraintes nuisent à l'efficacité économique en bridant le pouvoir de direction ;
* nécessaire parce qu'il faut bien protéger le plus faible.

Dès lors, leur objectif n'est pas de rechercher les moyens de l'équilibre contractuel, mais de respecter, dans le cadre de stratégies unilatéralement décidées, l'ensemble des normes juridiques, en particulier les règles de procédures. En d'autres termes, on sacrifie volontiers l'esprit des textes à un respect scrupuleux de la forme. Eu égard à ce que recouvre la notion de déontologie, nul doute que, dans le cadre d'un exposé consacré à la place des normes éthiques dans les rapports de travail, doivent alors être examinés les comportements de l'employeur dans la mise en œuvre des droits des salariés, tant collectifs qu'individuels.

Les exigences de la déontologie

Les salariés disposent de deux moyens d'expression : concertation et négociation collective. Pour que ces droits constitutionnels soient effectifs, le Code du travail a conçu des institutions adaptées à l'objectif poursuivi. Ce sont le comité d'entreprise (CE) et la commission paritaire.

Le comité d'entreprise

La personnalité civile lui a été conférée par la jurisprudence au double constat d'intérêts spécifiques – à distinguer de la somme des intérêts individuels des salariés – et d'un organe pour les faire valoir. De ceci, on aurait dû conclure que c'est la collectivité du personnel – et non le CE, qui n'en est que le moyen d'expression – qui est une personne morale. À tout le moins, les règles de composition, en particulier l'élection, et les attributions de cette institution (dans l'ordre économique mais aussi social) ne peuvent que conférer à la collectivité du personnel une certaine consistance juridique.

Le CE a légalement en charge l'expression collective des salariés. Sa fonction première est d'exprimer l'intérêt catégoriel de la collectivité du personnel, à l'occasion des décisions arrêtées au bénéfice de l'entreprise. Ceci n'induit pas que les décisions doivent être un compromis entre les intérêts catégoriels de la collectivité des actionnaires – c'est-à-dire de la société – et de celle du personnel. Mais, au moment d'arrêter la décision, le dirigeant doit avoir connaissance des intérêts concernés pour juger en connaissance de cause, ce qui va optimiser la solution retenue.

Dès lors, le droit à la concertation ne peut être considéré comme exercé que si la décision n'est réellement prise qu'après que le CE a été mis en mesure de donner un avis motivé sur un projet. La réalité est tout autre. Le CE n'est en rien associé à la réflexion dans la phase de maturation de la décision, ce que la loi ne prévoit pas. La qualification de simple projet de ce qui est soumis pour avis aux membres de cette institution n'a souvent comme justification que la crainte du délit d'entrave ou de l'annulation de la procédure. Le cas des plans sociaux est, à cet égard, particulièrement illustrant : l'énergie de l'employeur est consacrée en priorité à éviter que des faux pas le fassent revenir à la case départ, tandis que les membres du CE ont comme ambition première de reculer le plus loin possible dans le temps l'échéance des éventuels licenciements économiques. L'essentiel, c'est-à-dire le projet industriel permettant de matérialiser l'intérêt de l'entreprise, n'est, de ce fait, pas – ou pas suffisamment si on veut être optimiste – pris en considération.

Bref, on sacrifie souvent le fond à la forme, sans que, pour autant, il y ait intention maligne : l'important, pour les dirigeants, c'est de préserver le caractère souverain du pouvoir de direction dont dépend, on en est sûr, l'efficacité économique.

En matière de déontologie, de tels comportements sont néanmoins critiquables. Certes, les moyens de les sanctionner sont, contrairement à ce qui vaut dans la *commonlaw,* difficiles à identifier. La justification du pouvoir de l'employeur par la thèse institutionnelle peut pourtant permettre le recours au comportement abusif, inspiré du détournement de pouvoir. Ainsi, le souci qu'a la Cour de cassation d'optimiser

l'information puis la consultation correspond à celui d'utiliser au mieux les contraintes légales pour que soit vraiment concrétisée la prise en considération de l'intérêt catégoriel de la collectivité des salariés au moment d'arrêter la stratégie.

Les moyens techniques dont dispose le CE pour donner sa pleine mesure à sa mission d'expression de la collectivité – en particulier la formation de ses membres, la contribution financière patronale, le recours aux experts, les crédits d'heures, ... – sont autant d'instruments permettant le développement d'une authentique concertation. En matière de déontologie, l'employeur doit donc favoriser leur utilisation ... tant que, bien sûr, celle-ci n'est pas destinée à un autre objectif que celui en relation avec cet intérêt catégoriel, donc avec les attributions légales du comité. L'abus de droit ne vient pas que du côté patronal !

La négociation collective

Celle-ci pose des problèmes similaires. Ici, c'est par la signature de contrats définissant le statut collectif qu'est matérialisé l'objectif de prise en considération de l'intérêt catégoriel du personnel.

Les règles concernant la négociation annuelle obligatoire en sont la plus belle illustration. Il s'agit de favoriser la fixation par le contrat des salaires effectifs, de la durée effective du travail, des modalités effectives d'organisation des horaires pour la durée de douze mois correspondant à la période couverte par les budgets prévisionnels, eux-mêmes arrêtés après consultation du CE. Il s'agit donc de définir les moyens concrets intéressant le personnel de réaliser ces prévisions, concurremment aux autres moyens intéressant les biens, comme les investissements. Est dans ces conditions critiquable l'affirmation d'un éminent représentant du monde patronal qui accueillait la loi du 13 novembre 1982 en disant aux employeurs : vous avez l'obligation de négocier, pas de conclure ! Cela signifie que l'on entend promouvoir une « comedia dell' arte » dans le seul but d'éviter la sanction pénale. A cette stratégie visant à considérer les droits sociaux comme seulement des contraintes, on peut opposer une autre vision du droit social, conçu comme une technique d'organisation de l'entreprise. Celle-ci se concrétisera, s'agissant de la négociation annuelle obligatoire,

par des normes contractuelles adaptées au contexte particulier de l'entreprise pour une période précise, eu égard aux objectifs économiques poursuivis. En outre, la signature d'accords améliore le climat social, lui-même ratio économique ; la volonté de conclure contribue donc à la quête de l'intérêt de l'entreprise.

Dès lors, l'employeur soucieux d'éthique doit rechercher à tout prix l'équilibre des pouvoirs dans la négociation, un comportement de bonne foi des acteurs sociaux, l'exécution loyale de la convention ; c'est-à-dire tout ce qui, en définitive, contribue à faire du contrat collectif, réellement et pleinement, la loi des parties. Cela doit l'inciter à favoriser l'optimisation du dialogue social ; peu importe que, de ce fait, son pouvoir en soit altéré. La technique contractuelle suggère des moyens efficaces pour y parvenir, spécialement l'accord de méthode préalablement à l'engagement des négociations sur le fond. Il n'est pas inintéressant de souligner que l'institutionnalisation, par les effets de la loi du 13 avril 1982, de la négociation d'entreprise se traduit notamment par des règles contractuelles de composition des délégations et de fonctionnement de la négociation. Règles qu'employeurs et syndicats méprisent, les considérant comme mineures et de simple style, alors que, au sens de l'article 1134 du Code civil, elles contribuent à faire du contrat collectif réellement la loi des parties.

Le comportement éthique de l'employeur avec les salariés

Le détournement de pouvoir

Ce concept hérité de l'adoption, par la jurisprudence, de la thèse institutionnelle a perdu de sa force, essentiellement parce que sa mise en œuvre conduisait souvent à une incantation en faveur du caractère souverain du pouvoir de direction. Ceci d'autant que les cas concrets où il pouvait être mis en œuvre étaient souvent ceux matérialisant un comportement discriminatoire pouvant être sanctionné par une autre voie. En outre, la loi a un peu brouillé les cartes en organisant un droit disciplinaire. Le droit de sanctionner est en effet corollaire au droit d'imposer. De la thèse institutionnelle, non seulement la Cour de cassation tirait comme conséquence que l'employeur était seul juge des décisions à prendre dans l'intérêt de l'entreprise,

mais encore qu'il était, dans l'exercice de son pouvoir disciplinaire, libre du choix de la sanction et du choix du coupable. La loi du 4 août a introduit, d'un côté, une procédure disciplinaire destinée à protéger le salarié-citoyen, et de l'autre, un principe de proportionnalité de la sanction par rapport à la faute sous le contrôle du juge. Indirectement, ces droits disciplinaires altèrent donc le pouvoir de direction.

Le souci de plus en plus fréquent – et légitime – des magistrats de la Haute Cour de faire respecter les libertés individuelles s'est traduit par une jurisprudence qui, en quelque sorte, a fait abandonner le concept de salarié citoyen hérité des lois Auroux au profit du concept de citoyen salarié.

Si on délaisse la référence à l'intérêt de l'entreprise, notion difficile à cerner en raison de l'impossibilité de donner une définition juridique universelle de la notion d'entreprise, on poursuit le même objectif, en fixant comme seule limite aux libertés individuelles les impératifs liés aux missions correspondant aux fonctions exercées ainsi que les désordres graves pouvant naître de certains comportements. C'est dans cette perspective et sans se contredire que la Cour de cassation avait pu considérer légitime le licenciement d'une enseignante d'un établissement catholique divorcée puis remariée et, au contraire, sans cause sérieuse, le licenciement du bedeau de Saint-Nicolas du Chardonnay au motif de son homosexualité. Dans le premier cas, le maintien dans l'emploi pouvait affecter la conscience des élèves tandis que, eu égard à ses fonctions, le bedeau ne pouvait pas créer de perturbations chez les paroissiens.

Depuis la loi du 31 décembre 1992, le Code du travail (L. 120-2) dispose que « nul ne peut apporter aux droits des personnes et aux libertés individuelles des restrictions qui ne seraient pas justifiées par la nature de la tâche à accomplir ni proportionnées au but recherché ». En d'autres termes est consacrée légalement la nécessité d'un intérêt légitime pour l'entreprise pour justifier d'éventuelles restrictions aux libertés individuelles. C'est également en raison du souci de préserver les libertés que l'information préalable du salarié s'impose s'agissant des règles de comportement que l'on entend instaurer. On en voit l'expression dans la manière avec laquelle les tribunaux accueillent les procédés de surveillance des salariés ou encore les exigences de tenues vestimentaires en liaison avec la nature de l'activité de l'entreprise et de l'emploi du salarié.

C'est même en s'appuyant sur la Convention européenne de sauvegarde des droits de l'Homme que la Cour de cassation va justifier l'absence de faute d'un salarié ayant entretenu, pendant ses heures de travail, une activité parallèle dans la mesure où l'employeur avait découvert ces activités en consultant l'ordinateur mis à la disposition du salarié et comportant un ficher intitulé «personnel». Pour justifier sa solution, les juges se fondent sur le respect de l'intimité de la vie privée qui implique le secret des correspondances, peu importe qu'ait été interdite l'utilisation non professionnelle de l'ordinateur. Reste, bien sûr, à déterminer ce qui ressort du concept de «vie privée». Sans aller trop loin dans l'analyse, on peut sans doute considérer que ce droit, inviolable en tant que liberté fondamentale, est matérialisé par :

- la liberté de domicile ;
- le droit à une vie familiale normale ;
- le droit à l'inviolabilité des correspondances ;

• le droit à la protection des informations nominatives ;

• le droit à la vie sexuelle ;

• la vie personnelle.

Les formidables progrès des NTIC rendent plus difficile à concrétiser la séparation des temps de travail et des temps de repos. De même que l'accès à ces techniques pose autrement le problème du respect de la vie privée ; d'où la tentation des entreprises d'instaurer des chartes pour l'utilisation des moyens informatiques mis à disposition des salariés pour les besoins de l'activité professionnelle. Il s'agit de tenter de concilier par là, d'un côté la prétention légitime des dirigeants à protéger l'intérêt de l'entreprise, de l'autre la protection de la vie privée et personnelle.

Du célèbre arrêt Nikkon, il a été tiré que, désormais, pour reprendre une formule choc de mai 68, il était « interdit d'interdire ». C'est inexact. La Cour de cassation ne se prononce pas sur la validité de l'interdiction, formulée par l'employeur, d'utiliser les matériels à des fins personnelles. Du reste, la question ne lui était pas posée. Ce que dit la Cour de cassation, c'est que, dans sa quête de la faute commise par le salarié à l'égard de cette interdic-

tion, l'employeur ne peut pas prendre connaissance des correspondances personnelles. Cela laisse la discussion ouverte sur les moyens, essentiellement de technique informatique, permettant de déceler des activités personnelles sans pour autant avoir accès au contenu des échanges.

En raison des progrès des NTIC, constants et exponentiels, la jurisprudence sera toujours en retard par rapport aux évolutions technologiques. Cela plaide pour la recherche de règles de nature conventionnelle plus facilement révisables dans le temps, assorties de procédures internes d'arbitrage. Pourtant, celles-ci peuvent, en cas de conflit individuel, s'avérer illusoires, eu égard au caractère d'ordre public de la procédure prud'homale, pourtant inadaptée parce que trop longue. De même, le juge des référés mettra trop de temps à intervenir. Des dégâts importants et irréparables peuvent être commis par des salariés indélicats profitant de leur accès aux moyens sophistiqués de l'information, accès facilité par le respect de la vie privée. Il faut donc donner de l'espace à la négociation collective en ce domaine.

Plus fondamentalement, les informations stockées à une fin donnée peuvent être utilisées à d'autres fins, lesquelles s'avèrent parfois répréhensibles au plan pénal. Le principe de préservation de la vie privée doit donc trouver ses limites, en raison notamment de la mise en cause possible de la responsabilité pénale du dirigeant du fait des activités d'un préposé. Le respect de la vie privée a nécessairement des limites.

Le salarié peut s'opposer à l'application de normes contractuelles

On doit pouvoir également expliquer par la référence à l'intérêt légitime de l'entreprise la manière dont est accueillie par la jurisprudence la résistance éventuelle du salarié à l'application de normes contractuelles. Ainsi est considéré comme ayant agi avec légèreté blâmable l'employeur mettant en œuvre une clause de mobilité pourtant contractuellement prévue, alors qu'il savait que la salariée était la mère d'un enfant handicapé dont elle devait s'occuper à l'heure du déjeuner et que le poste qu'elle occupait antérieurement était libre. Ou encore, bien qu'existe dans le contrat de travail une clause de variation d'horaires, l'employeur est considéré comme ayant abusé de son droit en exigeant la modification de l'horaire alors que le salarié se trouvait dans l'impossibilité, en l'absence de transports en commun, d'y satisfaire. A pu aussi être considéré comme abusif le comportement de l'employeur ne respectant pas un délai de prévenance suffisant pour la mise en œuvre de la modification du contrat, peu importe qu'un tel délai ne soit pas conventionnellement prévu.

Il s'agit là, bien sûr, d'exemples, mais suffisamment topiques pour qu'on puisse en tirer une théorie générale, fondée, grosso modo, sur le concept de détournement de pouvoir, marquant un comportement éthiquement condamnable bien que contractuellement non critiquable.

Tout ce qui précède peut contribuer à fixer les règles générales du code de déontologie de l'employeur dans ses rapports avec les salariés. Un tel code ne peut trouver ses fondements que sur, d'un côté, la limite de fond que constitue, pour le pouvoir de direction, sa justification par l'intérêt de l'entreprise que le dirigeant a vocation à promouvoir ; de l'autre, la compatibilité des décisions de gestion, y compris lorsqu'elles ont pour effet d'exécuter les contrats

© Éditions d'Organisation

de travail, avec le nécessaire respect des libertés fondamentales du citoyen qu'est un salarié, y compris dans l'entreprise.

Une telle approche de l'éthique de la fonction patronale est d'autant plus importante que, sous l'impulsion des NTIC, la notion de subordination est en pleine évolution. Dans la classique civilisation de l'usine ayant promu des organisations tayloriennes et dans le contexte d'une culture imprégnée de marxisme, l'opposition manichéenne entre travail salarié et indépendant se concevait d'autant plus que, en l'absence de protection sociale pour ces derniers, la tendance expansive du salariat était exacerbée. Aujourd'hui, le groupe des salariés est de moins en moins homogène en raison de degrés d'autonomie plus ou moins grands mais qui ont partout tendance à s'accroître ; voire, dans certains cas, en raison de l'indépendance technique. Dès lors, la frontière entre indépendant et salarié n'est pas toujours nette. Ceci d'autant que l'acquisition d'autonomie dans le droit du travail va de pair avec l'introduction de subordination dans le droit commercial. La franchise, la sous-traitance, le mandat, n'en sont que les illustrations

les plus marquantes. Certes, ce qui caractérise le contrat de travail, c'est la subordination juridique, au niveau des conditions de travail donc.

Mais, outre que la dépendance économique altère aussi l'équilibre contractuel, ce qui nécessite une protection même si ce n'est pas celle du droit du travail, on retrouve parfois dans ces formes de collaboration des éléments attestant d'un état de subordination juridique. L'abus se manifeste dès lors aussi dans les qualifications juridiques et pas seulement dans la gestion des rapports de travail. Au demeurant, compte tenu des éléments consacrant un état de subordination juridique, tels qu'ils résultent de la jurisprudence, spécialement de l'arrêt de principe du 13 novembre 1996, le fait, pour un prestataire de service, d'être soumis à une charte éthique édictée par le donneur d'ordre est peut-être susceptible de qualifier de contrat de travail la relation les unissant.

Le fait, en effet, de s'engager à se conformer à des règles de conduite place bien l'intéressé dans la situation d'effectuer des travaux sur instruction du donneur d'ordre, s'il est en outre prévu que le non-respect d'une telle obligation peut se traduire par la rupture du contrat, ce qui témoigne de la capacité du donneur d'ordre à sanctionner les manquements.

En outre, la notion classique d'entreprise est sérieusement malmenée, surtout à l'intérieur des groupes dont la finalité n'est plus la transformation de matières premières, ni même la prestation de services, mais l'ingénierie financière au service de laquelle se déploient des unités de production dont, de ce fait, l'objet et l'existence sont éphémères. Les belles déclarations – parfois sincères – sur une identité fondée sur la primauté de l'Homme dans la recherche de l'identité de l'entreprise ont-elles une réelle pertinence dans un ensemble hétéroclite au plan des activités? Que recouvre ici l'expression « éthique patronale » ? Quelle différence avec l'entreprise artisanale qui prise les comportements des compagnons sur le métier !

Conclusion

Viennent d'abord à l'esprit un certain nombre de remarques quelque peu iconoclastes. D'abord, il a été dit que l'éthique, c'est le cache-sexe de la morale. N'y a-t-il pas de la pudibonderie, voire la volonté de réduire l'image guerrière de l'entreprise, derrière de telles constructions ?

Ensuite, les actions menées à propos de la corruption sont souvent à l'origine de ces chartes éthiques. Dès lors, des chartes ont été, inconsciemment ou de manière plus sournoise, conçues pour réduire le risque pénal, non pour promouvoir plus de vertu. On ne peut alors que faire un parallèle avec la double manière de concevoir la délégation, noble si elle vise à mieux organiser le pouvoir dans une entreprise à structure complexe, indigne s'il ne s'agit que de se décharger du risque pénal sur les préposés.

Enfin, on en a vu naître le besoin lors de l'introduction des systèmes informatiques et encore davantage du Net. Pourquoi ? Parce que, du fait de ces techniques, deviennent floues les limites de l'entreprise, laquelle peut même devenir virtuelle ; et que manque désormais de netteté la frontière entre vie professionnelle et vie privée.

Plus fondamentalement, les stratégies menées en ce domaine par les entreprises ne sont-elles pas une réponse, sous forme d'alternative, à l'idée d'entreprise citoyenne ? Vue ainsi, la charte éthique serait un moyen de préserver la conception classique de l'entreprise ; elle serait alors un avatar du « néolibéralisme ».

Voilà pourquoi on doit s'interroger sur ce que doit recouvrir la notion d'entreprise dans la société naissante de l'intelligence. Ceci d'autant plus que celle-ci conduira à abandonner le droit du travail, hérité de la civilisation industrielle, au profit d'un droit de l'activité professionnelle. Celui-ci rassemblera tous les travailleurs, du plus subordonné au réellement indépendant, avec des statuts différenciés par le degré d'autonomie, donc par la capacité du contrat à faire ou non (à lui seul) la loi des parties, sur la base des droits minima communs intéressant les rapports individuels, les rapports collectifs et la protection sociale.

Les fonctions d'expertise, comme celle de déontologue, induites de ces NTIC, même indirectement, gagneraient en efficacité si elles s'exerçaient dans l'indépendance technique, peu important la subordination juridique. Il faut alors appeler de nos vœux le statut de « para-subordonné », intermédiaire entre contrat de travail et d'entreprise.

Le pire serait, en effet, de donner du corps à la phrase choc de Visconti dans *Le Guépard* : « *Tout change pour que rien ne change* ».

La charte et la responsabilité

La charte protège l'entreprise et ses dirigeants

À l'évidence, nombre de chartes ont été conçues dans un souci à la fois de protection de l'entreprise et de protection de ses dirigeants ainsi que d'atténuation des risques, notamment pénaux. En informant les salariés, en mettant en place un dispositif de veille déontologique, en faisant parfois attester par ses responsables la connaissance qu'ils ont de la norme déontologique dans l'entreprise, l'employeur espère voir ses sanctions allégées. C'est manifestement le cas aux États-Unis où la procédure de « *plea bargaining* » semble avoir des effets positifs. Cela semble moins certain en France. Cependant la charte, sous réserve qu'elle soit précise, peut indiscutablement renforcer l'effet d'atténuation de responsabilité que comporte toute délégation de pouvoir, surtout pour les entreprises à l'organisation complexe et étendue.

La responsabilité de la personne morale

De même, il faut s'interroger sur l'impact en matière de responsabilité de la personne morale, puisque personnes physiques et personnes morales peuvent désormais être poursuivies en même temps, et pour les mêmes faits juridiques.

Si on retient la théorie (fortement controversée) de l'autonomie de la personne morale, on peut alors soutenir que l'existence dans l'entreprise d'une charte (qui ne soit pas un simple recueil de principes généraux mais qui prévoie des objectifs et détaille des procédures) est de nature à limiter sa responsabilité pénale. L'entreprise paraît en effet en droit de faire état des efforts réels qu'elle a engagés et que traduit notamment sa demande déontologique pour prévenir les risques de fautes. Le juge ne saurait rester sourd à ces efforts.

Chartes d'éthique, codes de déontologie et responsabilité pénale

Sylvie Le Damany, avocate associée du cabinet Landwell, et Caroline Joly-Baumgartner, avocate du cabinet Landwell

Les chartes d'éthique permettent de « sécuriser » les délégations de pouvoirs mises en place dans l'entreprise. Très tôt, il est apparu inéquitable de faire peser sur le chef d'entreprise une responsabilité pénale pour des faits qu'il n'avait pas commis. La jurisprudence a donc, dès le début du siècle, reconnu la possibilité de mettre en place des délégations de pouvoirs afin de permettre au dirigeant de déléguer certains de ses pouvoirs à des salariés compétents, notamment afin de leur faire appliquer au sein de l'entreprise certaines réglementations (hygiène, sécurité, …). Le chef d'entreprise pouvait dès lors bien répartir ses pouvoirs au sein de l'entreprise.

La délégation de pouvoir : un acte avéré de bonne gestion

Ce n'est qu'en 1993[21] que la jurisprudence a étendu la possibilité de mettre en place des délégations de pouvoirs en toutes matières, sauf lorsque la loi l'interdit.

La jurisprudence exige un certain nombre de conditions pour que les délégations de pouvoirs – lesquelles sont souvent appelées à tort délégation de responsabilités – puissent avoir un effet « exonératoire » en matière de responsabilité pénale.

Ces conditions sont pour l'essentiel les suivantes[22] :

- la délégation ne doit pas être interdite ;
- le chef d'entreprise ne doit pas avoir pris part personnellement à l'infraction ;

21. 11 mars 1993.
22. Jean Clavo, « *Petites Affiches* », 2 août 1999, n° 152, p. 11 et suivantes.

169

- la preuve de la délégation doit être apportée ;
- la délégation doit être précise et dépourvue d'ambiguïté ;
- la délégation n'est possible qu'au profit d'un préposé ;
- le préposé doit avoir la compétence, les moyens et l'autorité nécessaires ;
- la délégation doit avoir été acceptée par le préposé.

La délégation de pouvoirs permet au dirigeant de mieux contrôler le respect par les salariés des réglementations applicables à l'entreprise : la délégation responsabilise les hommes et constitue un acte de bonne gestion pour le chef d'entreprise. Elle devient d'ailleurs une obligation lorsque le dirigeant n'a pas la possibilité lui-même de veiller au respect de ses obligations au regard de la législation qui régit les activités de la société : ne pas avoir délégué ses pouvoirs constituera quasiment dans certains cas une « circonstance aggravante » devant les juridictions répressives.

La délégation « exonératoire » de la responsabilité pénale

Elle peut protéger le chef d'entreprise contre le risque pénal résultant des infractions commises à son insu. Il ne s'agit pas bien sûr de « botter en touche » mais d'organiser au mieux les pouvoirs au sein de l'entreprise.

Pour ce faire, la mise en place de délégations de pouvoirs exige un suivi constant, dans la mesure où il convient d'éviter qu'elles ne soient mises en échec, en raison notamment de réorganisations internes diverses (modifications d'organigramme, départs ou recrutements de salariés, …). De même, il faut veiller à ce que l'organisation structurelle corresponde à l'organisation fonctionnelle. Parfois, le responsable d'un site et désigné comme tel, n'est pas celui qui a les pouvoirs en matière d'environnement, de sécurité par exemple. Deux salariés peuvent se trouver en rivalité pour un même poste ; l'un (le délégataire en titre) aura le titre de responsable et l'autre les pouvoirs réels et les compétences. Cette situation est à éviter.

Aussi, afin d'avoir les meilleures chances de produire les effets escomptés (exonération de la responsabilité pénale du dirigeant ayant délégué), les délégations doivent être rédigées scrupuleusement, même si un écrit n'est pas exigé, et ce afin de répondre aux conditions posées par la jurisprudence et être conformes à la

© Éditions d'Organisation

réalité des pouvoirs de chacun. En cas d'accident – homicide involontaire sur un chantier, par exemple – le juge d'instruction examinera le cas échéant la délégation qui lui sera présentée par le chef d'entreprise, lequel sera la première personne entendue voire mise en examen, puis contrôlera les pouvoirs du délégataire qui était censé faire respecter la réglementation qui n'a pas été respectée.

L'impact d'une charte d'éthique

La mise en place d'une charte d'éthique, si elle comporte des définitions et des règles de fonctionnement précises, peut avoir pour effet de mieux définir le rôle de chacun dans l'entreprise et donc de « sécuriser » les délégations de pouvoirs, à condition que l'ensemble « contrats de travail / délégations de pouvoirs / charte d'éthique » soit cohérent.

C'est la raison pour laquelle il est conseillé, avant la mise en place d'une charte d'éthique, d'analyser les risques de responsabilité pénale qui pèsent sur l'entreprise et ses dirigeants. Cette première phase comprend l'examen et la mise à jour éventuelle des organigrammes structurels et fonction-

nels. Il est en effet procédé à la mise en conformité de l'organigramme organisationnel par rapport à l'organigramme fonctionnel. Cette première phase permet donc de faire un état des responsabilités réelles de chacun, et ce au regard des contrats de travail des salariés ayant des responsabilités.

Élaboration et mise en place

Ce sont des étapes essentielles au cours desquelles les fonctions de chacun peuvent être repensées et formalisées. Parallèlement, la mise à plat des responsabilités des acteurs principaux de l'entreprise est souvent l'occasion d'instaurer ou de remettre à jour les délégations de pouvoirs existantes.

Comme cela a été rappelé ci-dessus, pour avoir un effet « exonératoire » de responsabilité pénale, les délégations de pouvoirs doivent respecter un certain nombre de conditions.

Les effets de la délégation de pouvoirs sont soumis à l'appréciation souveraine des juges du fond, qui vérifient si celle-ci était nécessaire au bon fonctionnement de l'entreprise et s'il y a eu un transfert effectif de pouvoirs au délégataire.

Dans ce contexte, la mise en place concomitante et concordante d'une charte d'éthique peut constituer un indice supplémentaire pour le juge dans son appréciation de la réalité des pouvoirs répartis au sein de l'entreprise.

Le pouvoir des délégataires

La charte devrait asseoir davantage l'autorité du ou des délégataires et lui ou leur permettre de prendre les sanctions adéquates en cas de non-respect des règles qu'il(s) se doi(ven)t de faire appliquer. La charte renforce ainsi les notes internes qui sont émises par le chef d'entreprise pour communiquer sur les pouvoirs qu'il a délégués auprès de certains de ses préposés.

Il ne fait aucun doute que l'entreprise qui a axé sa stratégie de développement autour d'une charte d'éthique doit être encore plus vigilante ; celle-ci est en quelque sorte « surexposée » aux sanctions pénales. Elle sera jugée plus sévèrement.

La responsabilité des personnes morales

Depuis le 1er mars 1994, le Code pénal prévoit, pour certaines infractions, la possibilité pour le juge de mettre en jeu la responsabilité pénale de la personne morale.

Les peines d'amende encourues par les personnes morales sont du quintuple de celles encourues par les personnes physiques.

L'instauration de ce principe avait notamment pour objectif de sanctionner les personnes morales qui pouvaient être à l'origine d'infractions aux conséquences financières lourdes et éviter de devoir sanctionner des personnes physiques qui, dans bien des cas, étaient de simples exécutants.

La responsabilité pénale d'une personne physique

Il convient toutefois de souligner que la responsabilité de la personne morale n'exclut pas la mise en cause concomitante de la responsabilité pénale d'une personne physique pour la même infraction. C'est, en effet, le principe du cumul des responsabilités qui a été posé par l'article 121-2 du Code pénal.

Ce principe posé édicte que, dans les cas prévus par la loi ou le règlement, les personnes morales sont responsables pénalement des infractions commises, pour leur compte, par leurs organes ou représentants.

Afin que la responsabilité de la personne morale puisse être engagée, il faut donc – en plus de l'existence d'un texte qui le prévoit expressément – que deux conditions soient remplies cumulativement :

• une infraction commise par un organe ou représentant de la personne morale,

• une infraction commise pour le compte de la personne morale.

Il faut relever que la doctrine s'est montrée très divisée sur la signification de « leurs organes et représentants ».

Certains auteurs[23] faisaient valoir que la loi pénale étant d'interprétation stricte, le terme « représentant » devait s'entendre comme la personne désignée par la loi, les statuts ou le juge.

Cependant, la redondance des termes « organes » et « représentants » ne pouvait être expliquée.

C'est ce qui a conduit d'autres auteurs[24] à retenir une conception plus large comprenant les délégataires des dirigeants de droit, les dirigeants de fait et les mandataires apparents.

Les jugements rendus

La chambre criminelle a, dans un arrêt récent[25], jugé que la responsabilité pénale d'une personne morale peut être mise en jeu par un délégataire en matière de sécurité.

Cette décision a été critiquée dans la mesure où, selon une interprétation extrême, il pourrait en résulter que la commission d'une infraction par un individu quelconque, salarié ou préposé « pour le compte » d'une personne morale, pourrait entraîner la responsabilité pénale de celle-ci[26].

S'agissant d'agissements commis « pour le compte » de la personne morale, la doctrine s'accorde à dire que cette condition signifie que l'acte accompli doit avoir procuré à la personne morale un avantage ou un profit ou avoir servi son intérêt[27].

---

23. M.-.E Cartier, rapport de synthèse, Entretien de Nanterre 1994, p. 31 : G. Stefani, G. Levasseur, B. Bouloc, « Droit pénal général », Précis Dalloz, n° 312.

24. F. Desportes et F. Le Gunehec, *Le Nouveau Code pénal*, éd. Économica n° 608 ; B. Mercadal et Ph. Jannin, *Memento Lefebvre : sociétés commerciales*, 1999, 475-10 ; N. Rontchevski, *La responsabilité pénale des personnes morales*, éd. Francis Lefebvre, Themexpress, n° 36 et 37.

25. Cass. Crim. 1er décembre 1998, BIMS mai 1999, n° 117 note J.-F. Barbieri.

26. J.-F. Barbieri, op. cité.

27. B. Mercadal, op. cité.

La doctrine affirme que cette définition permet d'écarter la responsabilité des personnes morales pour des infractions commises pour leur compte propre par des organes et représentants, même dans l'exercice ou à l'occasion de leur fonction[28].

Les infractions commises hors des fonctions des organes ou représentants sont également exclues.

Certains auteurs ont souligné que certaines infractions résistent à la notion de profit[29] et qu'il conviendrait d'inclure dans la définition des actes engageant la responsabilité de la personne morale, les actes « *commis dans l'exercice d'activités ayant pour objet d'assurer l'organisation, le fonctionnement ou les objectifs du groupement doté de la personnalité morale, et ce même si la personne morale n'y a trouvé aucun intérêt, s'il n'en est résulté pour elle aucun profit[30]* ».

Cette réforme est encore trop récente, pour que puissent se dégager des principes clairs permettant d'anticiper les cas où la responsabilité pénale de la personne morale serait privilégiée par rapport à celle de la personne physique.

Néanmoins, la chancellerie s'est attachée à analyser dans une circulaire les cent premières décisions de la condamnation de personnes morales – devenues définitives – en 1998.

Il est ainsi apparu que les condamnations les plus fréquentes concernaient les délits de travail clandestin, de blessures involontaires, de facturation irrégulière et ceux afférents au droit de l'environnement.

Cette étude a également révélé une grande diversité selon le lieu de commission de l'infraction, ce qui démontre que la politique pénale à ce sujet n'a pas encore été « harmonisée » sur l'ensemble du territoire français.

Dans 62 % des affaires ainsi jugées, seule la personne morale a été condamnée. Ces affaires concernaient surtout des délits non intentionnels.

Parmi ces 62 %, plus de 90 % des affaires n'avaient donné lieu qu'à la poursuite de la seule per-

---

28. Yves Sexer, *Droit et patrimoine*, janvier, p. 43, 1996.
29. M. Delmas-Marty.
30. F. Desportes et F. Le Gunehec, op. cité.

sonne morale. Dans 38 % des cas, la personne morale et la personne physique ont été condamnées simultanément.

Ainsi, il est possible de penser que la mise en jeu de la responsabilité de la personne morale aura tendance à diminuer le cas de mise en jeu de la responsabilité de la personne physique pour les délits non intentionnels : il s'agissait là de l'objectif principal du législateur.

La mise en place des chartes d'éthique, en sensibilisant les exécutants à l'importance de leur rôle et de leur choix, est-elle de nature à aider à alléger la responsabilité pénale des personnes morales ?

La mise en jeu de la responsabilité des personnes morales

Comme nous l'avons vu précédemment, bien souvent, les chartes d'éthique ne comportent que des principes généraux, qui ne peuvent pas avoir d'impact sur la responsabilité pénale des personnes morales.

Toutefois, lorsqu'ils comportent des définitions précises de certaines fonctions au sein de l'entreprise, édictent des règles d'organisation et des interdictions, il est possible de s'interroger sur l'effet induit sur cette mise en jeu de la responsabilité pénale des personnes morales.

Les conditions de la mise en jeu de la responsabilité des personnes morales ont ouvert la voie à deux théories divergentes. La première défend la responsabilité pénale de la personne morale par « ricochet », « responsabilité d'emprunt »[31], alors que la seconde met en avant « la réalité » des personnes morales, personne de droit indépendante des personnes qui la composent.

Si nous nous rallions à la première théorie, et que l'on considère que la responsabilité des personnes morales peut être engagée par les bénéficiaires de délégations de pouvoirs, l'impact de la mise en place de chartes d'éthique sur la responsabilité des personnes morales nous semble être pratiquement négligeable.

En effet, en ce qui concerne tout d'abord les délits non intentionnels qui peuvent être constitués à la suite d'un simple accident,

---

31. F. Desportes et F. Le Gunehec, op. cité.

l'existence d'une charte ou code prohibant ce type de délits ne nous semble pas pouvoir exonérer la personne morale de sa responsabilité pénale sauf à ce qu'il puisse être soutenu que le responsable du délit aurait agi hors de ses fonctions ou pour son propre compte sur la base des éléments figurant dans la charte d'éthique.

Il en est de même en ce qui concerne les délits intentionnels.

En revanche, si on se fonde sur la théorie de l'autonomie de la responsabilité des personnes morales, la mise en place de chartes d'éthique pourrait avoir pour effet d'alléger la responsabilité des personnes morales.

En effet, selon cette seconde théorie, la personne morale doit avoir commis une faute personnelle pour que sa responsabilité pénale puisse être engagée. Cette thèse repose sur l'idée que « *la condamnation pénale des groupements n'est justifiée que si, par un vice affectant leur structure ou leur fonctionnement, ils produisent un effet criminogène sur le comportement des personnes physiques qui les dirigent*[32] ».

Cette théorie a repris un argument qui avait été invoqué, avant le nouveau Code pénal, au moment de l'accident de la gare de Lyon. Cette théorie a été suivie par quelques décisions de première instance.

Dans un jugement rendu le 9 octobre 1997, le tribunal correctionnel de Lyon a relaxé une société, poursuivie du chef de liquidation de marchandises sans autorisation préfectorale ou municipale, au motif que : « si personnes physiques et personnes morales peuvent être poursuivies concomitamment du chef des mêmes faits juridiques, la mise en œuvre de la responsabilité pénale de la personne morale nécessite qu'il soit établi à son encontre l'ensemble des éléments constitutifs de l'infraction poursuivie, l'élément intentionnel d'une part, par une abstention délibérée ou par la réalisation d'actes, certes imputables à ces organes ou représentants, mais distincts de ceux qui pourraient être reprochés aux personnes physiques ayant par ailleurs participé à la commission de l'infraction ; que toute autre solution conduirait en pratique à éri-

---

32. J.H. Robert, T. Cor. Lyon 9 octobre 1997, JCP éd. G 1998 n° 105, N. Rontchevski, RJDA 3/98, 175.

ger une responsabilité pénale de plein droit des personnes morales du fait de leurs dirigeants agissant pour leur compte[33] ».

Un jugement du tribunal correctionnel de Versailles du 18 décembre 1995[34] ainsi qu'un jugement du tribunal correctionnel de Strasbourg du 9 février 1996[35] avaient également fait référence au défaut d'organisation de la personne morale.

Cette théorie est, de l'aveu même d'un de ses principaux défenseurs, « en perte de vitesse »[36].

Si, toutefois, elle était confirmée par la Cour de cassation, elle pourrait permettre à la personne morale de s'exonérer en invoquant l'absence de faute, à savoir que toutes les mesures avaient été prises pour éviter la commission de l'infraction. Dans ce contexte, la mise en place de codes de bonne conduite ou chartes d'éthique pourrait être, selon le contenu de ceux-ci, un des éléments de nature à démontrer que la personne morale avait pris toutes les précautions nécessaires.

Il reste que les règles de la mise en jeu de la responsabilité pénale des personnes morales donnent encore lieu à beaucoup de discussions et qu'il serait souhaitable que la Cour de cassation y apporte quelques éclaircissements.

Dans ce contexte, il est difficile de prévoir les conséquences potentielles de l'existence d'une charte d'éthique au sein d'une entreprise sur la mise en jeu de la responsabilité pénale des personnes morales.

Certains auteurs vont jusqu'à souhaiter une réforme de la responsabilité pénale des personnes morales craignant qu'à la jurisprudence déjà abondante et contradictoire ne viennent s'ajouter d'autres décisions toujours plus incohérentes mais jamais susceptibles de résoudre les problèmes posés[37].

---

33. T Cor. Lyon 9 octobre 1997, JCP éd G 1998 n° 105.
34. JCP 1996 éd E II n° 22640.
35. RJDA 6/96 n° 787.
36. J.H. Robert, « Entretien », *in l'Astrée*, janvier 1999, n° 6, p. 3.
37. P Salvage JCP, éd. E 11, juin 1998, n° 24, 948.

Conclusion

Les chartes incarnent souvent le recueil des valeurs essentielles de l'entreprise. Elles peuvent dans certaines conditions avoir une véritable valeur juridique et justifier des sanctions à l'encontre des contrevenants.

Au regard du droit positif en matière de responsabilité pénale, il est possible d'avancer que, dans certains cas, la mise en place de chartes d'éthique permettra d'alléger la responsabilité pénale des dirigeants, à condition que les délégations de pouvoirs existantes soient irréprochables donc efficaces. S'il est difficile d'envisager l'impact de ces chartes sur la responsabilité des personnes morales en raison du caractère récent de la réforme et confus de la jurisprudence, c'est en cette matière que ces chartes semblent offrir les perspectives les plus intéressantes.

En pratique, elles permettent aux collaborateurs de l'entreprise de mesurer l'impact de tel ou tel comportement et aux dirigeants de comprendre la nécessité de bien répartir les pouvoirs au sein de l'entreprise.

Les chartes qui tendent à un idéal de comportement ne peuvent que sensibiliser les acteurs de l'entreprise aux risques encourus en matière pénale dans l'entreprise.

Conclusion

Plutôt que de tenter une conclusion qui ne pourrait être que provisoire tant les questions abordées sont en pleine évolution et méritent d'être encore approfondies, on se bornera à souligner ce que nous pensons être les quatre enseignements principaux de cette recherche.

1. Bien qu'il existe une réelle trilogie des modèles de documents déontologiques possibles (modèle anglo-saxon, modèle nord-européen et modèle continental), il faut se garder d'en imposer aucun. Quand bien même l'un d'entre eux serait retenu, il faut **que l'entreprise reste libre de son contenu et de la formulation de ce contenu.** En effet, chaque entreprise, en fonction de son secteur d'appartenance mais aussi des objectifs qu'elle poursuit comme des préoccupations spécifiques qu'elle peut avoir, doit rester libre de ses choix.

2. Corollairement, cela signifie que **la même liberté doit être reconnue dans la conception, l'organisation et le portage de cette démarche déontologique.** Chaque entreprise doit être libre d'organiser sa fonction déontologique et d'en définir le périmètre. En revanche, une identification claire des responsabilités et leur bonne définition sont des conditions nécessaires à la réussite du projet déontologique.

3. Mais pour libre et libérée qu'elle soit, cette démarche déontologique ne pourra se révéler pleinement efficace et porteuse de sens qu'à la condition **qu'elle soit l'occasion d'une concertation approfondie et élargie aux partenaires sociaux dans l'entreprise**. La déontologie et au-delà tout ce qui concourt à renforcer la prise en compte par l'entreprise de ses nouvelles responsabilités sociétales, constitue un champ nouveau, particulièrement dynamique, du dialogue social dans l'entreprise (et, on peut l'imaginer, des branches professionnelles). Bien conçue, loyalement engagée, clairement engagée, elle peut devenir un véritable facteur d'émancipation en favorisant le passage d'une subordination à une émancipation responsable du salarié dans l'entreprise.

4. Dans cette perspective, la charte, le code, en un mot tout ce que, au long des pages qui précèdent, nous avons appelé la « démarche déontologique », constituent fondamentalement l'expression d'une **nouvelle éthique de la fonction patronale**, c'est-à-dire l'affirmation de réels changements dans la gestion des entreprises et, sans doute, l'indication qu'**un stade nouveau du développement du capitalisme est en train d'être franchi**.

Annexes

34 propositions

Formes et contenus du dispositif déontologique

Il existe trois grands modèles types :
- *le modèle nord-américain ;*
- *le modèle nord-européen ;*
- *le modèle continental.*

Mais :

1. il ne faut imposer ni un modèle, ni un contenu-type. La diversité des formes exprime la diversité des situations, des attentes et des objectifs ;

2. les principales dispositions qui peuvent figurer concernent de façon variable les :
- *règles des marchés ;*

- *valeurs comportementales ;*
- *relations fournisseurs / clients ;*
- *relations de travail ;*
- *rapports avec les stakeholders ;*
- *questions relatives au rapport salariat / vie privée.*

3. il faut définir avec précision les procédures de suivi, d'évaluation et de contrôle :

- *les structures de suivi doivent être bien identifiées ;*
- *les procédures et les moyens de traitement des conflits déontologiques doivent être clairement énoncés ;*
- *les temps forts de l'évaluation doivent être aménagés suivant un calendrier qui dépend de la situation et de la stratégie de chaque entreprise ;*
- *des audits internes et / ou externes doivent permettre de faire le point sur les succès / difficultés et les nouvelles problématiques rencontrées par l'entreprise ;*
- *toutes ces procédures doivent avoir un caractère largement public.*

4. la charte déontologique ne doit être ni un outil, ni un objet publicitaires ;

5. la façon d'utiliser la charte en interne comme en externe est révélatrice de la réalité déontologique de l'entreprise.

Qui pilote le processus déontologique et quelles fonctions ?

6. Il faut définir clairement les responsabilités et les procédures dans ce domaine.

© Éditions d'Organisation

7. Il faut désigner un responsable principal de ces questions qui en général ne sera ni le DRH, ni le directeur juridique.

8. Il doit superviser le lancement de la réflexion et de la démarche déontologique.

9. Il doit veiller à la bonne application du dispositif et des dispositions prises pour le mettre en œuvre.

10. Il a la responsabilité de l'information et de la formation du management sur ces questions.

11. Il doit être capable d'interpréter les dilemmes éthiques rencontrés par l'entreprise.

12. Il doit être à l'écoute mais aussi être écouté des personnels de l'entreprise et savoir être leur « *privacy officer* ».

13. Il doit être en charge du recueil des manquements, interrogations et risques de nature déontologique et avoir une fonction de veille et d'alerte sur des situations particulières ou des difficultés d'application du dispositif déontologique.

14. Il doit pouvoir lancer des enquêtes (mais que, de préférence, il ne conduit pas lui-même).

15. Il ne lui appartient pas de sanctionner, mais, par ses avis, il contribue à la prise de décision.

Quelle est sa place dans la hiérarchie et comment le désigner ?

16. Quel que soit le titre qu'on lui donne (déontologue, *compliance officer*...), il doit être placé à un niveau élevé de la hiérarchie pour pouvoir favoriser la rencontre des directions de

l'entreprise ; chaque directeur restant pleinement responsable du respect des règles déontologiques par ses collaborateurs.

17. Il est important que son statut dans l'entreprise soit clairement précisé, car sa légitimité doit naître, non seulement d'une expertise reconnue mais aussi d'un consensus autour de sa personne.

18. Il est très souhaitable que sa désignation soit faite par la hiérarchie après concertation ou consultation des partenaires sociaux dans l'entreprise (suivant des modalités librement arrêtées par chaque entreprise).

La déontologie et le dialogue social

19. La démarche déontologique doit résulter d'une véritable concertation au sein de l'entreprise.

20. Le processus déontologique doit favoriser le passage de la subordination des salariés à un statut de responsabilité individuelle, au plan du respect des règles déontologiques.

21. Bien conduite, la démarche déontologique doit être un moyen et un moment important du renforcement des rapports sociaux dans l'entreprise.

22. La charte doit être l'occasion d'engagements sociaux forts.

23. L'application des règles et des principes déontologiques doit faire l'objet d'un suivi concerté avec les représentants des salariés au niveau le plus élevé de l'entreprise ou du groupe.

24. Mais les conflits déontologiques individuels doivent relever d'un règlement local.

La déontologie et le management

25. La démarche déontologique peut être, pour la direction, un outil de gestion de l'entreprise :

- *elle est un facteur de mobilisation et institue un « quasi-contrat psychologique » ;*
- *elle permet de réconcilier la décentralisation des responsabilités et l'unité du groupe ou de l'entreprise ;*
- *elle est un moyen moderne de manager la relation centre / périphérie (rôle particulier des réseaux de* compliance *ou de veille déontologique).*

26. Elle doit être un outil de recrutement de la DRH :

- *elle est un facteur d'attraction et de sélection ;*
- *elle est un moyen de garder les « meilleurs ».*

27. Elle doit être un outil d'évaluation :

- *les entretiens annuels d'évaluation, notamment de ceux qui exercent ou ont vocation à exercer des fonctions de responsabilité importantes, doivent prendre en compte la dimension déontologique.*
- *elle permet à la direction de mieux s'assurer du bon comportement déontologique de sa chaîne hiérarchique.*

La déontologie et le droit dans l'entreprise

28. La démarche déontologique exprime la dualité de l'entreprise, tout à la fois unité économique et unité sociale.

29. Elle est l'expression volontaire d'une « éthique de la fonction patronale » et d'une certaine vision des rapports avec les salariés et les *stakeholders*.

30. Elle est porteuse d'une juridicité propre à l'entreprise, juridicité que le juge ne saurait ignorer.

31. Elle est fondatrice d'un équilibre nouveau entre protection de l'intérêt de l'entreprise et respect de la vie privée des salariés.

32. Elle conforte le devoir de loyauté en le rendant juridiquement plus visible et contribue à une meilleure compréhension, y compris par le juge, de ce qu'est « l'intérêt de l'entreprise ».

33. Elle peut être, sous certaines conditions, un facteur d'atténuation de la responsabilité, notamment pénale, des dirigeants.

34. Elle peut aussi limiter, sous certaines conditions, la responsabilité pénale de la personne morale.

Questionnaire
aux organisations
syndicales françaises[1]

Le rôle des responsables
syndicaux évolue

Dans le cadre de la commission « Place et effets de la déontologie dans l'entreprise », nous avons réfléchi en particulier au rôle que les partenaires sociaux pourraient jouer dans l'élaboration, la mise en œuvre et le suivi des chartes, codes de conduite et autres instruments de la déontologie dans l'entreprise.

Il nous est apparu que, au niveau de l'entreprise, cette participation était insuffisante, car édicter de tels documents reste trop souvent l'affaire de la seule direction de l'entreprise ou de sa présidence. C'est pourquoi cette commission, qui veut être un observateur impartial des meilleures pratiques innovantes, a sou-

---

1. C'est à partir de cette grille d'interrogations que les quatre confédérations syndicales ont formulé les réponses qui figurent aux pages 101, 103, 105, 107.

haité vivement pouvoir associer à cette réflexion les points de vue des responsables syndicaux français.

Plusieurs questions ou thèmes pourraient cadrer nos échanges, qui vous sont transmis ci-après à titre indicatif et non exhaustif.

❶ En tant que représentant syndical, que pensez-vous de l'émergence des codes de conduite dans les entreprises (est-ce un outil de dialogue, un facteur de dynamisme, …) ?

❷ À quelles conditions les représentants du personnel ou les organisations syndicales pourraient-ils participer à la mise en œuvre de codes de conduite, de chartes éthiques ?
- *conditions quant aux procédures ;*
- *conditions quant aux contenus ;*
- *conditions quant aux suivis et aux contrôles, etc.*

❸ D'après vous, qu'est-ce que le contenu du code de conduite de la charte éthique :
- *doit aborder ?*
- *ne doit pas aborder ?*

❹ Quel est votre sentiment sur la valeur juridique d'une charte ou d'un code de conduite ?
- *est-il opposable ?*
- *diminue-t-il la responsabilité du dirigeant ?*
- *peut-il prévoir des sanctions allant jusqu'au licenciement ?*
- *peut-il ou doit-il devenir un élément du contrat de travail (lettre d'acceptation, annexe au règlement intérieur, …) ?*
- *peut-il être un élément de protection du salarié par rapport à sa hiérarchie (ex. : refus de faire en application des principes figurant dans la charte) ?*
- *complète-t-il les instruments habituels de la relation de travail dans l'entreprise ou s'y substitue-t-il ? Etc.*

5 Quel doit être le statut des personnes qui, dans l'entreprise, ont en charge les questions de déontologie ou de régularité dans l'entreprise (déontologues, *compliance officers,* etc.) ?

www.ingramcontent.com/pod-product-compliance
Lightning Source LLC
Chambersburg PA
CBHW061211220326
41599CB00025B/4609